熊倉伸宏・矢野英雄 編

障害ある人の語り

インタビューによる「生きる」ことの研究

誠信書房

はじめに

この本では障害のある人たちの生きた「語り」を紹介する。「私は健常である」と自負する人たちにこそ、ぜひともこの本を読んでいただきたい。

私にとって、彼らとの出会いは自分の「生」を振り返る格好の機会になった。彼らの「語り」の一言一言には、社会が共有すべき智慧が沢山おさめられているからである。読者の皆さんも、彼らとの「話し合い」を享受していただきたい。

私が障害者から得た多くのものを、当事者はもとより、家族や援助者、研究者が読みやすいように編集した。協力していただいた当事者の方々に、心から敬意と感謝を表する。なお、ここで掲載するインタビューは、あくまでも個別事例であって、障害の代表事例ではない。障害は人生のようにその人固有のものだからである。

私たちが彼らから得た感動と励ましを読者にも共有していただければ幸いである。

二〇〇四年八月三十一日

熊倉伸宏

目　次

第一章　障害を語る

一　インタビューの方法

　これから皆さんに読んでいただくのは、身体に障害のある三人の方たちが私たちのインタビューで語った内容である。いずれもご本人の了解を得て、できるだけそのままの形で掲載した。

　障害が自分の身に起きたとき、人はその事実をどのように受け止め、どのように対処して生きるものなのか。それを理解したい。そのためには、直接当事者に訊くほかにない。それが私たちの思いであり、インタビュー調査を行なった理由であった。

　インタビューの対象者はポリオ（脊髄性小児麻痺）もしくは脊髄損傷により歩行障害を示す方たちである。両疾患はいずれも脊髄障害に基づく歩行障害を生じ得る点で共通しているが、前者の多くは物心つく前、後者の多くは成人後に障害を受けるという点で、障害時期の違いがある。私たちはこの違いを生来性障害と中途障害と呼んで区別している。

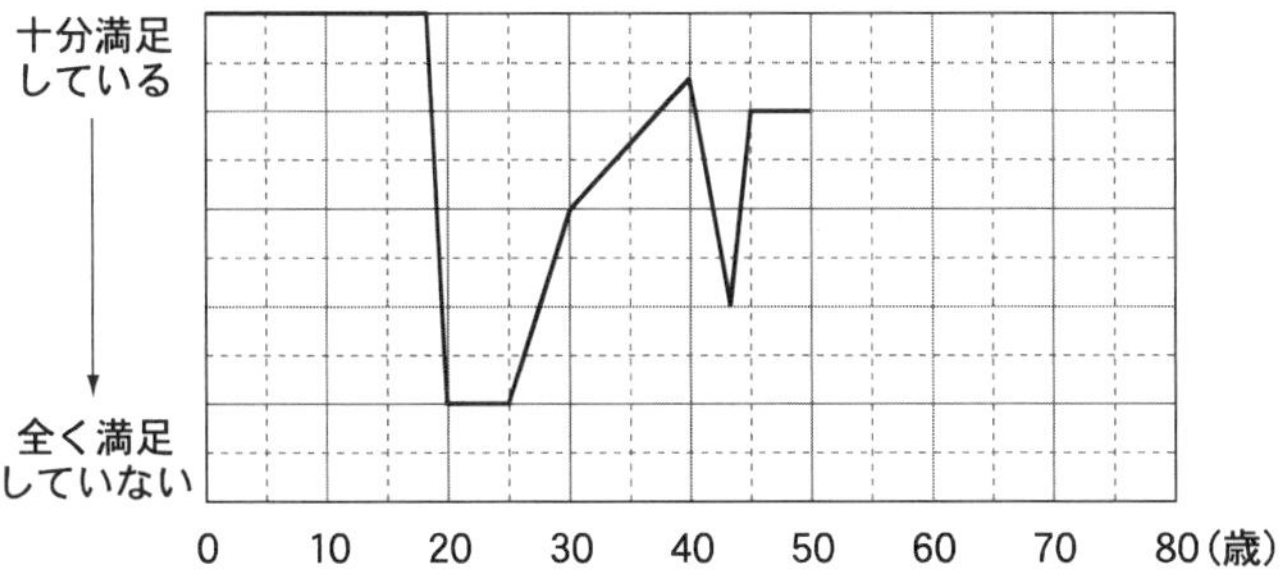

図 1-1　生活満足度の VAST 記載例

インタビュー調査の方法については第二章で詳述している。しかし、インタビューでの「語り」をより深く味わうためには、あらかじめ、このインタビューが、どのように計画されたものかを理解していただいたほうがよい。したがってここで簡単に説明する。

インタビューでは、生活満足度と障害受容について、彼らに、出来るだけ具体的に尋ねることにした。実は、今回のこのインタビュー調査に先だって、質問紙調査（社会参加調査：第二章参照）を行なった。その際に、私たちは生活満足度について測定するツールとして経時的視覚アナログ尺度（Visual Analogue Scale for Time Course：VAST）を開発した。VASTとは、障害や満足度の経過を時間経過に沿って線で描いてもらうものである。**図1-1**にその実例を示した。これは、直ちに数量化されデータ解析される。その内でも障害があるにもかかわらず生活満足度が上昇した方のなかから、今回、三人の方のインタビューを掲載した。

インタビューの方法は、ロング・インタビュー（Long Interview）法という質的研究の手法に従った（ロング・インタビュー法の説明は第二章に譲る）。

インタビューは予め作成したインタビュー・ガイドに沿って行なわれる。インタビュー・ガイドとは、インタビュアー（面接の聞き手）がインタビュー時に使用する台本であり、対象者に対して用いる質問やその手順、留意点等が示されている。この時に使用したインタビュー・ガイドを巻末につけたので、ご参照いただきたい。インタビュアーの問いに対して対象者が自由に答え、インタビュアーはその答えを深めるように問い返すことを繰り返すという手順になっている。今回私たちが行なったインタビューでは、質問項目は、グランドツアー・クエスチョン（Grand Tour Questions）、ファイナル・クエスチョン（Final Questions）、アディショナル・クエスチョン（Additional Question）という、計九つの質問から構成した。

基本となる六つのグランドツアー・クエスチョンは、先行研究で得られた障害受容に関連する知見と、研究者自身の考えや目的意識を統合して私たちが作成した。質問内容は以下の通りである。

G1	生活満足度が上がったことには、○○さんの障害の状態が変化したことが関わっていたでしょうか。そのことについて聞かせていただけますか。

G2　生活満足度が上がったことには、装具の改善や、住まい・社会の設備の改善などが関わっていたでしょうか。そのことについて聞かせていただけますか。

G3　生活満足度が上がったことには、○○さんの障害に対する周囲の人の態度が関わっていたでしょうか。そのことについて聞かせていただけますか。

G4　生活満足度が上がったことには、保健・福祉・医療の専門家の援助が関わっていたでしょうか。そのことについて聞かせていただけますか。

G5　生活満足度が上がったことには、自分の障害を受け容れたことが関わっていたでしょうか。そのことについて聞かせていただけますか。

G6　生活満足度が上がったことには、同じ障害を持つ人の存在が関わっていたでしょうか。そのことについて聞かせていただけますか。

グランドツアー・クエスチョンでは、語りの自然な流れを大切にするために、必ずしもG1からG6まで順番に訊くとは限らない。実際のインタビューのなかでは、話題がジャンプすることもあり得る。ただし順番が変わっても最終的にはすべてのグランドツアー・クエスチョンが問われる（すべての問いをツアーする）こととしている。

さらに、これら六つの要因のなかではどれが最も生活満足度上昇に関わっていたかと、これら六つ以外で、それ以上に生活満足度上昇に関わっていた別の要因があったかどうかを尋ねる質問、ファイナル・クエスチョンを用意した。

F1　では、今までお訊きしたなかで、○○さんの生活満足度が上がったことには、どの事柄が一番大事だったとお考えでしょうか。そのことについて聞かせていただけますか。

F2　今お訊きしたもの以外に、生活満足度が上がったことには、もっと大事な事柄が関わっていたでしょうか。そのことについて聞かせていただけますか。

最後に、アディショナル・クエスチョンとして、生活満足度という用語そのものについて尋ねることとした。

A1　この調査では、「生活満足度」ということでお話しいただきましたが、より適切な言葉があるでしょうか。

このインタビューは、以上のようなG1～G6、F1～F2、A1の計九つの問いを柱として構成されている。

インタビュアーは障害保健福祉の研究者、そして、インタビューに答えて下さったのは、「障害がありつつ生きていくことの専門家」である。つまり、ここに収録した記録は研究者と当事者という二人の専門家が出会って産み出された創作物であり、この本は両者の共著である。

二　インタビューの実際

ケースA（東　浩一）

年　齢　四十六歳
性　別　男性
職　業　自営業
同居家族　両親・本人・妻の四人家族
障　害　二十四歳のときにスポーツで脊髄損傷（損傷高位は第六頸髄）
　　　　四肢・体幹麻痺
インタビュアー　メイン・インタビュアー（――藤城）
　　　　　　　　サブ・インタビュアー（═══平部・〰〰小島）

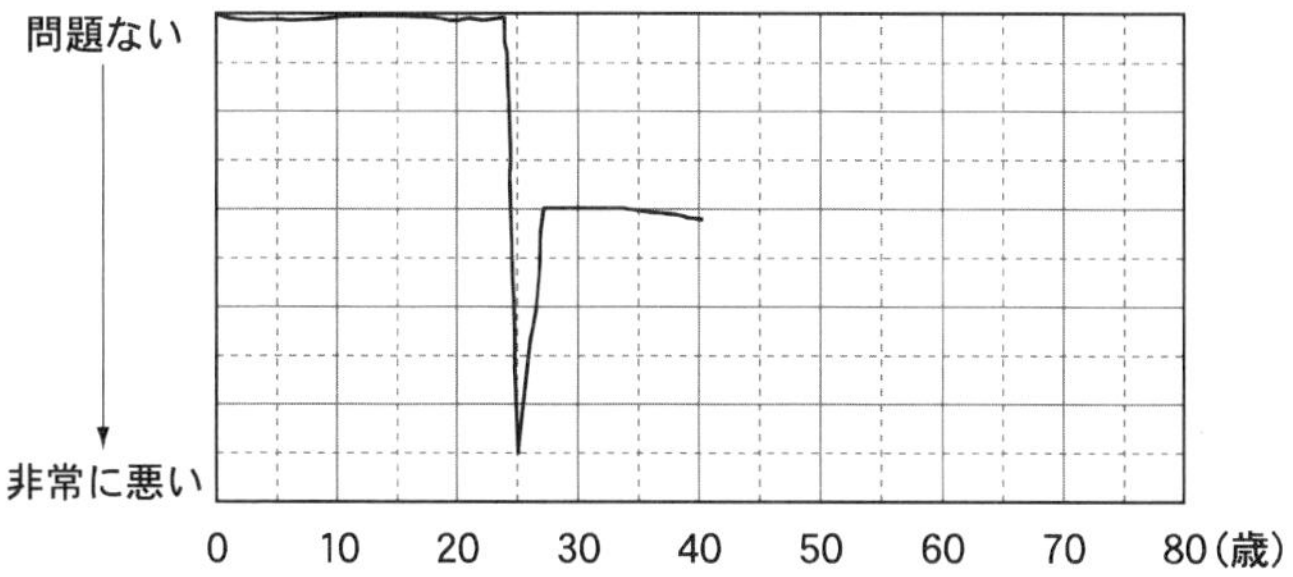

図 1-2　ケース A：身体の状態の経過

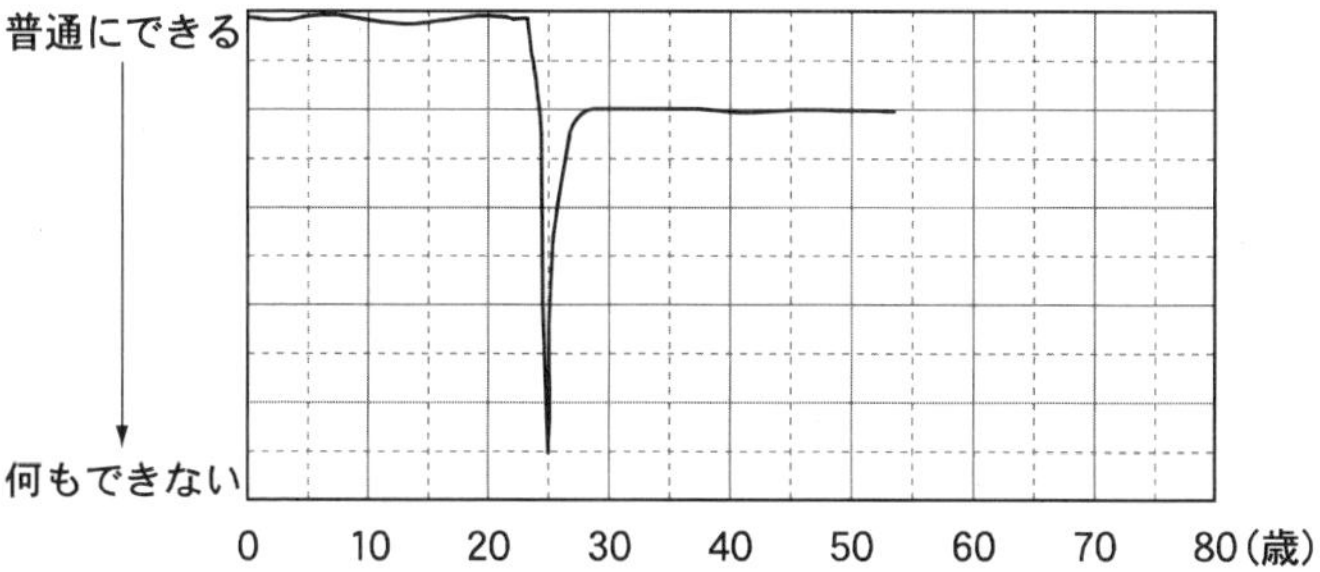

図 1-3　ケース A：活動状況の経過

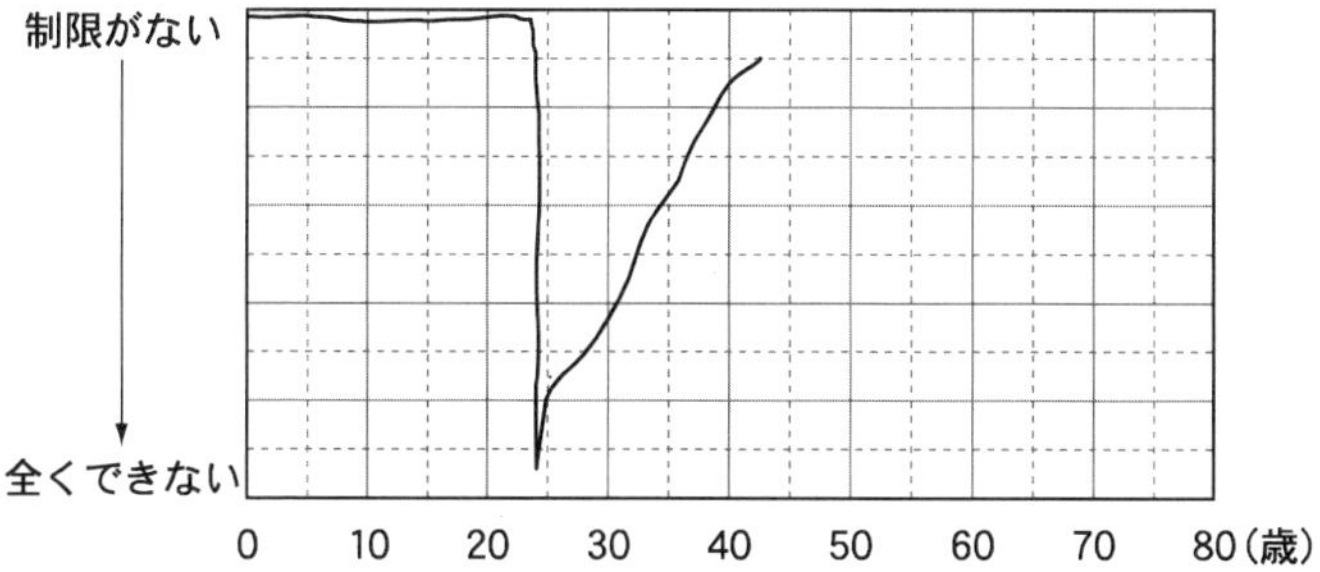

図 1-4　ケース A：社会参加状況の経過

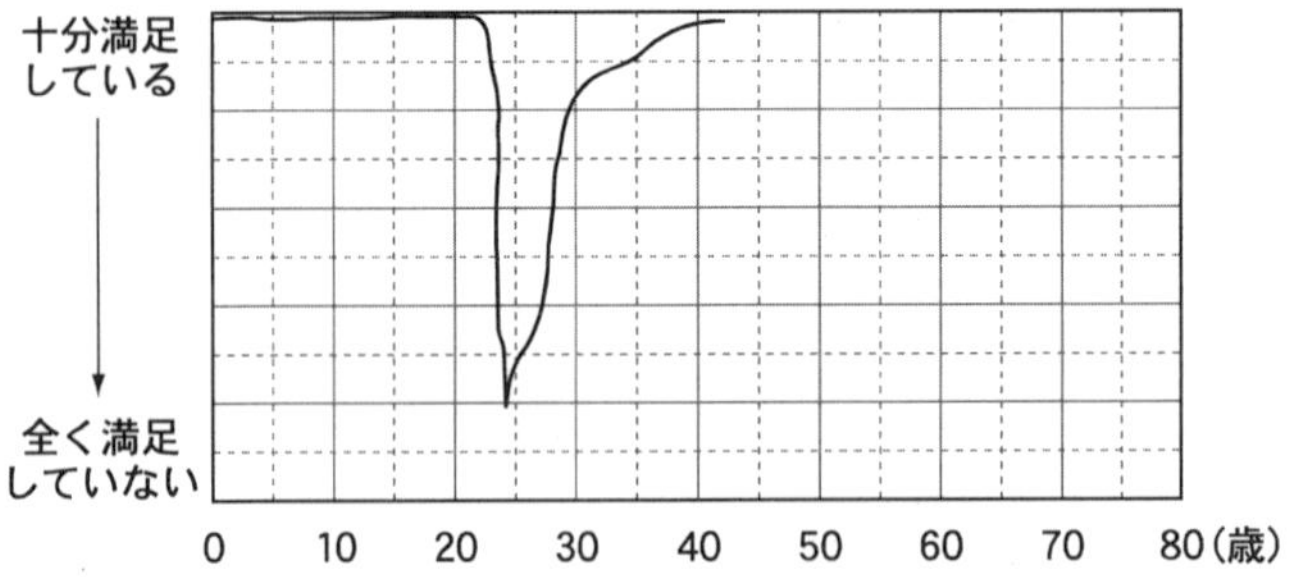

図 1-5　ケースA：社会参加満足度の経過

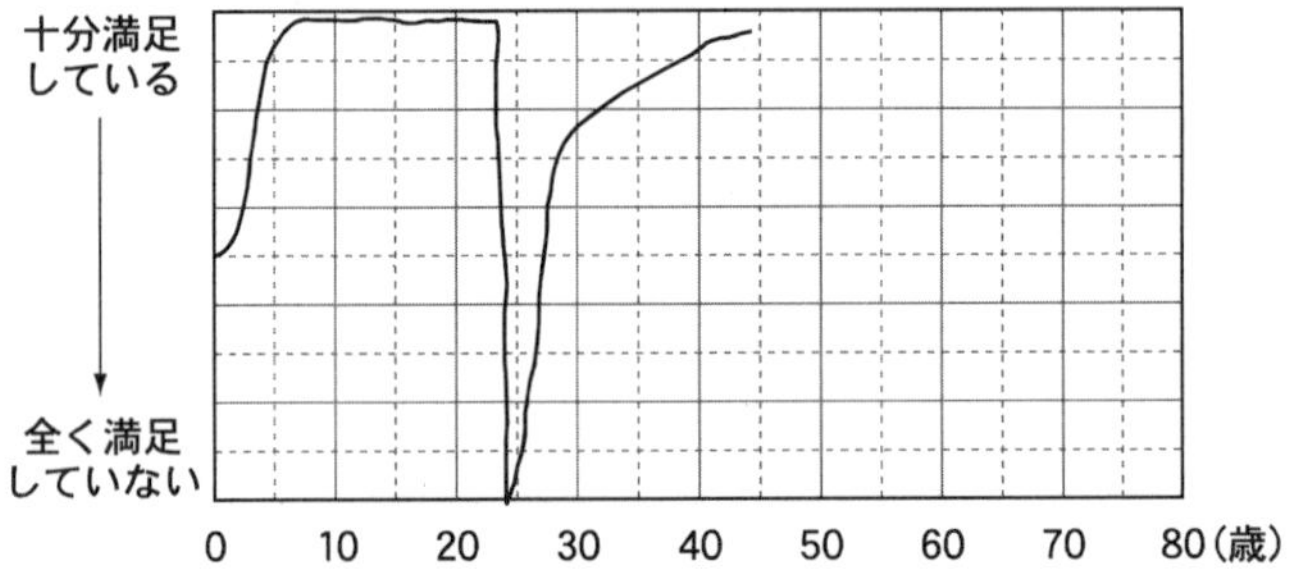

図 1-6　ケースA：生活満足度の経過

実施日　二〇〇二年五月
場　所　　自宅
社会参加調査の五つのVASTを（図1-2〜図1-6）に示す。

導　入

――これまでご協力いただいた調査のなかで、東さんが障害をお持ちにも関わらず生活満足度が上がっていらっしゃるのを拝見しました。このことについて、ぜひ東さんのご経験されたことをお伺いしたいと思います。できるだけご自身のご経験について教えていただければと思います。時間は一時間程度を予定しております。最初に東さんのことについて少しお尋ねいたします。現在は四十五歳でいらっしゃいますか。

「四十六歳だったかな。三十一年だから……」

——昭和三十一年。

「はい、一月三日生まれだから……」

——お正月のおめでたい頃ですね。ええと、こちらがお住まいで、お仕事もここでやっていらっしゃるんですね。

「そうです」

——いつ頃から始められたお仕事なんですか。

「ケガして何年間か何もしない生活だったんですけれど、やはり働いていかなきゃならないというのが当然あったので。で、入院していたときに指が一本も動かなかったもので、看護婦さんを呼ぶナースコールっていうのが押せなかったんです。それでかなり苦労した経験がありまして。でも、ちょっと、昔ラジコンとかいろいろやっていたもので、電気のことや機械のことをかじっていたので。それで、息とか頭とかで、指を使わないで押すスイッチとかセンサーとかを使って、看護婦さんを呼ぶナースコールとかを作る会社を、友達と何人かで始めたんです」

——ご自分が必要と思われたものを開発したのが、まず最初だったんですね。

「ああ、そうです」

――今もそういうデバイス開発をしていらっしゃるんですよね。

「そうです。主に、退院してからの環境制御装置とかが多いんですけど」

――医師と共著の論文もおありだと、ホームページで拝見しました。

「いろんなところの人たちと、いろんなそういう開発とかをやっています」

――ナースコールのほかには、どういう物を作っていらっしゃるんですか。

「主には環境制御装置。一個のスイッチで五十項目ぐらいのものを、寝たきりでも動かせる。ベッドの上下とか、テレビをつけたり消したりとか、チャンネルを回したりとか、エアコンとか、部屋の電気とか、いっぱいありますよね。そういう家電製品を一個のスイッチで動かす」

――じゃあ、先日（インタビューの日程の打ち合わせで）お電話を差し上げたときに受話器をとっていただいたのも、何か工夫のある電話機なんですか。

「そうです。でも、僕の場合は何とか腕が動くので。僕が作っている機械は、主に、全身どこも動かない、頸椎四番ぐらいの。息とか、ほんのちょっとしか指が動かないだけでのスイッチとかで、いろんなものを動かしたり、テレビを見たり。あとはグラフィックデザインです。本の表紙とか」

――この部屋の壁に掛けていらっしゃる絵も東さんがデザインされたものですか。

「そうです」

――これもそうですか。

「これは油絵です。油絵を描いていた時期もあったんですよ、筆を指に挟んで縛りつけて。コンピューターがこの世に出現してから、すぐコンピューターに切りかえてコンピュータグラフィックというのを始めたんです」

――もともと機械をいじるのはお好きでいらっしゃったんですね。

「そうですね」

――部屋のあちらのほうにも、いろいろ細かい物を置いていらっしゃいますね。

「そうですね。ラジコンは今でもやってる趣味みたいなものです」

――一緒に住んでいらっしゃるのは、奥様と、あと……?

「あと、父と母」

――四人でお住まいなんですね。

「ええ、ここはもともと父の家なんです。で、改造して家を立て直しちゃったんですけど」

――ここ（自室）もバリアフリー用に作り変えたんですね。

「そうです」

――どういうところを作り変えられたんですか。

「そこからスロープになっていて、そこ（自室の横）の駐車場まで段差なしで行けます」

――ここ（自室に付いているドア）から出られるようになっているんですね。

「そうです。あとトイレと風呂は車椅子で」

――東さんが脊髄を損傷されたのが、二十四歳の頃でしたよね。

「はい」

――前回の社会参加版調査でいくつかグラフ（VAST）を描いていただきましたが、一番最後の、いろんなことをひっくるめての生活満足度では、このあたり（二十代半ば）からずっと生活満足度が上がっていらっしゃいますよね。そういう満足度というものに、生活全般を含めてどういう事柄が関わっていたのか、また、満足度というのが一体何を指しているのかということを、今日はお伺いしていきたいと思います。

G1　障害の状態

――では、これから「生活の満足度」と言っている事柄について、東さんのご経験から具体的なお話を伺いたいと思います。満足度が上がったことには、東さんの障害の状態が変化したことが関わっていたでしょうか。もし、関わっていたとしたら、そのことについてお聞かせください。

「いえ、全然関わっていないです」

――障害の状態の変化は関係していなかったのですか。

「ええ。もう、腕だけしか動かない。あとは全身麻痺、首の骨が折れた状態で。大体同じ、そのまんまで。完全に折れちゃっているんで、不全ではないので、リハビリをしたから歩けるようになることは全くない」

――一般に、身体の状態が良くなると、みたいなこともありますけれども、東さんの場合には、あまりそういうことは関係なかったということなんですね。

「ないです、はい」

G2　ハードウェアの改善

――では、満足度が上がったということについて、装具の改善や、住まいや社会の設備の改善などが関わっていたでしょうか。

「ええ、それは一番。僕のモットーなんですけれども、体の不自由なところは道具や機械、いろんなデバイスでカバーすれば、多少は自由度が上がることは目に見えているので」

――その、モットーとおっしゃっているあたりについて、もう少し詳しくお伺いしていいですか。実際に動く動かないというだけではなくて、それは、道具や機械で補っていくというのが、満足度に対しても影響が非常に大きいということですか。

「ええ、そうです。できないものが、一しかできなくてそのままでは何もできないものが、いろんな補装具とか機械があれば、三とか四とかできるようになるわけですから。元の健常者みたいに十はできないんですけれども、一よりは全然ましになる」

――たとえば、どういう改善のときにそれを最初に感じられましたか。

「仮に寝たきりで看護婦さんも呼べないような状態でも、おでことかでスイッチを押すだけで、看護婦さんを呼べるようになったりとか。あと、テレビも同じチャンネルをずっと見たままで、〈すみません、看護婦さん、テレビを回して下さい〉とか、〈つけて下さい〉とか言っていたのが、その機械があれば、自分で好きなときにテレビをつけたりチャンネルを回したりできるし。あと車椅子でも、十メートルぐらい動くのがやっとであるのが、いい車椅子に乗れば百メートルぐらい動けるようになったりとか。今はすごくいろんな物が進歩しているので、すごく安定のいい車椅子とか。車だって、手動装置で運転できるようになれば、もうどこへでも行けるようになるし」

――そのナースコールの改善が、デバイスの開発に携わられるようになった最初なんですね。

「まあ、そうですね。それでなおかつ、そういう会社がその頃は少なかったので、仕事にまで結びつけて」

――それを開発できたときは、ご自分が便利だということもあったけれど、仕事に結びついた満足もおありだったんでしょうか。

「そうですね」

――まず最初は、ご自分が使うためにナースコールを作られたわけですか。

「ええ、そうです。結局、具合が悪くても同じ部屋の人に、〈すみません、看護婦さんを呼んで下さい〉と言わないと駄目ですよね。でも、スイッチを一つちょっと改造するだけで、頭でこうやってパチッと押せば、自分が好きなときに、具合が悪くなったときに呼べるし。あと、寝たきりの人の一番の楽しみはテレビなんです。同じチャンネルばかりをずっと見ていて、看護婦さんも最初のうちは、〈すみません、チャンネルを回して下さい〉と言うと回してくれるんですけれど、忙しいですから。そのうちにもう、〈その番組を見ていなさい〉ということになったりする。チャンネルを回すために看護婦さんを呼べないし」

――入院していらしたのはどのぐらいの期間ですか。

「一年半です」

――一年半の間に、最初は人を呼んでいろんなことをやってもらうということだったのが、お互いにだんだんそれが面倒になってきたというか、手間がかかったり、遠慮したりということが出てきたということですか。

「それは当然みんなあると思います」

――その開発は、入院中に思いつかれたことなんですか。

「はい、入院中に思いついたことです。あと、僕のハンググライダーのときの仲間がいるから、スイッチを買ってきてとか言えば、買ってきてもらうことができた」

――入院中にご自分で工夫してお作りになったんですね。

「最初は簡単なやつですね」

──自分で最初にチャンネルが変えられるとか、ナースコールで呼べるようになったときには、本当に随分……。

「それはそうです。まずは安心感というのがありますよね、具合が悪くなったときに。だって、あのナースコールをいくら枕元に置かれていても、あれは指で押さないと押せないですから。なんにもならないですから、ただ置いてあるだけでは、体の不自由な人にとっては」

──いくらナースコールがあっても、それが押せないという不安。

「不安はありますね」

──いざとなったらどうしようとずっと思っていらしたわけですね、ただ不便なだけじゃなくて。

「そうですね」

──そのほかに装具、それから社会設備の改善としては、たとえば……。

「やはり車が一番大きいですね。首の骨を折った状態の悪い人でも、車が自分で運転できるかできないかで、天と地の差が出てきちゃうと思います」

──車は車椅子とは違うんですね。

「ええ、乗用車。遠くまで移動できますから」

──移動距離というのは大きなことですか。

「そうですね、やはり全然違いますね」

——東さんもご自分で車で出かけられることはありますか。

「ええ」

——普段、たとえばアーチェリーの練習にいらっしゃるときには、ご自分で運転して行かれるんですね。

「そうです。昔は乗用車に車椅子を積むのに、十分以上かかって重いのを積んでいたんですけれども、今は大きな車で、横からリフトが出まして、こう車椅子ごと乗り込んで、中で乗り移るようにしています。道具で生活は本当にすごく変わります」

——すでにある物を利用するだけじゃなくて、ご自分でも工夫されて、それで随分いろいろ生活のなかで変わってきたことがあるということですね。

「そうです。エンジニアということもあって、自分でやる工夫もあるんですけれども」

——そういう、いろんな工夫の種もお持ちだし、情報や知識ももともとお持ちのものもおありだということですか。

「というか、障害者も一般の人もそうなんですけれども、アイデアと工夫というのが、なんというか、仕事とか生きていくうえで、すごく人生が変わると思うんです、僕は。アイデアのある人は、結構、思わぬところでひょんな道が開けるということはあると思います」

G3　周囲の態度

――満足度が上がったということについて、東さんの障害に対する周りの方の態度は関わっていたでしょうか。そのことについて聞かせていただけますか。

「まあそれは、病院とか周りの人のいろんな、何というかお世話になったということは、当然あると思いますけど」

――病院以外ではいかがでしょうか。ご家族とか、ご近所、周りのお知り合い、お友達の方……。

「まあ、この近所はあまり関係ないんですけれども。あと、両親というのは、それは誰にでも言えることじゃないかと思いますけど」

――それは東さんに限らず、いろいろな方に言えることなんですね。

「身内がケガをすれば」

――こういう周りの方の態度というのが満足度に影響するんじゃないかというお話は、よく聞くことだと思うんですが……。

「ああ、それはありますね」

――東さんご自身が感じられたなかでは、どういうことが心に残っていらっしゃいますか。

「やっぱり、障害があったりとか、大きな病気をしたりとかという人は、人の目を一番気にすると思うんです。だから、もし周りの人が、あんな変なのがいるとか、障害者がいるという目で見ていたら、やっぱりそこはどんどん小さくなっていっちゃうと思う。僕も、ケガをした当時は家の外に出るのがとても嫌だったから、全然出なかったし。遊びに行くのに、病院のほうまで行っちゃったりとか」

——退院した後のことですよね。

「そうです」

——入院中は周りに脊髄損傷の方が大勢いらっしゃったというお話でしたが。退院してきてからのほうが、周囲の目を意識して気になっていらっしゃった時期がありますか。

「そうですね」

——それがだんだんに平気になってきたのは、どんな経緯でですか。

「それは、慣れだと思います。人間というのは結構適応能力があって、どんなひどいケガをしようが、どういう境遇にあろうが、時が解決するというか、その場で絶対慣れてしまうものなので。まあ、人間は慣れちゃうと思います。適応することができる」

——ご自分が、障害があるという状態に慣れてきたということですか。

「慣れちゃった」

——それで、だんだんにそのなかで、先ほどの言葉だと、障害者がいる、変なやつがいると思われるんじゃないかという不安そのものも、だんだん減ってきたということですか。

「それは慣れてきたというか」

――減ったというよりも、慣れたという感じ。

「そうです」

――その感覚が無くなるわけではないんですね。

「無くなるわけではないですよね。今でも、こう何というか……。近所の目というか、心ないおばさんが、〈あ、あんな車椅子の人がいて〉と言って、〈私たちは健康で本当によかったわ〉と、現に言う人もいるし。デパートとかによく行くんですけれど、子どもがぎゃあぎゃあ騒いでひっくり返っていると、その親が、〈ほらほら、言うこと聞かないと、あんなお兄さんみたいになっちゃうよ〉ということを、平気で言う人も結構いるし。人の目は、結構、大きいとは思うんですけれど、最近は二十数年前と違って、障害者の人がうんと世間に出ていますので。テレビでも出たりしてるし、随分昔とは違うと思います」

――世間の人も、障害者がいるということに慣れてきたということですね。

「慣れてきているっていうか……そうですね、テレビで見たり、パラリンピックの映像をやっていますよね。まだまだ少ないんですけれども。二十年ぐらい前はそういうのがなかったから、本当に何というか、偏見の目というのはとても大きかったです」

――もう二十年以上になられるんですね。

「ええ、二十三年間」

——自分自身が時の流れのなかで慣れてきたということもあるし、世間の周りの方も時の流れのなかで見る目が変わってきたということもある。

「そうですね。まあ、今は何というか、高齢化社会ですし。身体障害者の人も高齢者の人も、不自由なところでは同じようなところもあるし。で、車椅子の人も大勢いるわけですから」

——たしかに高齢者の方で車椅子だとか、体の不自由な方が随分いらっしゃいますね。

G4　専門家の援助

——そのほかに、満足度が上がったということについて、保健や福祉、医療の専門家の援助は関わっていたでしょうか。そのことについて聞かせていただけますか。

「それが一番、身を以て体験した一番大きいことです。専門病院だったから今の僕がいるというのはあって。同じハンググライダーで墜落した人で、指も動くぐらいの状態で入院したんだけど、地方の病院に入って。何十年も前は、頸の骨のことがまだ分かっていなかったんですけれども、それで死んでしまった人も大勢いるし、褥瘡《じょくそう》（床ずれ）で亡くなった人もいるし。専門職の人の力は、患者さんに対してはとても大きいと思う。逆に言うと、大きな病気やケガをした患者さんの第二の人生の道を決めるのに、専門職の人が関わった指導とか、いろいろな処置の仕方によっては、（顔を左右に振って）こっちとこっちに道が分かれちゃうというのを聞いたことがある」

――退院後の生活満足度についても、専門職の関わりで東さんのお役に立ったことはあるでしょうか。

「そうですね。たまたま僕らの病院は、退院したらもうそのままだったんですけれども。だから、退院するまでに、いろいろな知識は全部吸収してしまったので。家屋改造とかも、専門職の人が段差のところも、トイレのところとか、それとかも全部改造して、第一段階では退院しているので。車椅子も作ったと」

――退院後の生活にも役立つような知識が、入院中に得られたということですか。

「そうですね、基本はそうです」

――今でも何カ月かに一回は、健康診断などで病院にはかかっていらっしゃいますか。

「そうですね。それは、たまに何というか、定期検診じゃないですけれども、一年に一回とか検査には行っているんですけど。今のところ、薬を飲んでいるとか、治療をしているということは、ずっとないです」

――それは、ご自分でそのぐらいの間隔で行こうと決めて行っていらっしゃるわけですか。それとも、来て下さいと言われるんでしょうか。

「いや、それはないです」

――ご自分の健康管理として、行っていらっしゃる。

「そうですね」

――そのことで、満足度に関わるような安心感や、何かメリットのようなものは、今おありですか。

「んー、まあでも、車椅子の人とか、脊損・頸損の人たちは、定期検診はしたほうが絶対にいいと思うので。まあ大抵、そこに行くまでに、風邪を引いたりとか、病院に行くことは必ずあると思うので。風邪の予防接種は何年か前からやっているんですけれども、あれはすごくいいと思います」

――インフルエンザの？

「はい、本当に風邪を引かなくなりましたし」

――それまではどうしていらしたんですか。

「やっぱり風邪を引いてしまうと、かなり……二週間ぐらい寝込んじゃったりとかしていたんですけど」

――私たちが行なってきた調査にご協力いただいている脊髄損傷の方たちは、今までの病院の調査と違って、在宅の方たちが随分多く含まれているんです。病院にずっといらっしゃる方だと、その病院でのケアがありますけれど、在宅の方がどんなふうにこういうものを利用していらっしゃるか、また、必要になっていくかということをお伺いしたいと思っています。保健、医療、福祉について、何かお考えになっていることや、こんなことが関わっているんじゃないかということは、ほかにおありでしょうか。

「うーん、最近は結構いろいろなものが補助で出たりするので、多くの身体障害者の人は助かっていると思うんですけど」

――東さんご自身はいかがですか。何かそういうものを利用なさっていますか。

「ああ、そうですね。なんだっけ、二年に一回だか四年に一回、車椅子が手に入るっていうのとか」

――そういう福祉制度を利用していらっしゃる。

「ええ、利用しています」

G5　障害の受け容れ

――満足度が上がったことについて、ご自分の障害を受け容れたことが関わっているでしょうか。そのことについて聞かせていただけますか。

「ええ……そうですね、受け容れざるを得ないというか、もう、拒否もできないことなので。これも時間が解決するというか」

――このあたりは本当に言葉も難しいところなんですけれども、受け容れるとか、諦めるとか、いろんな言葉があると思うんですが。このあたりについて詳しくお伺いできますか、どのような気持ちの変化がおありだったか。

「ええ、だから、すべて含まれているんじゃないですか。諦めもあるし、受け容れざるを得ないのもあるし、どうしようもないということもあるし。変えることもできないし、治るわけではないんだから。だからそこで……なんというか……暗くため息ばかりついて、暗い部屋でずっとベッドで寝たきりになるのか。それとも、かなりの寝たきりの患者さんもそうなんですけれども、いろんなボランティアの人とか、いろんな人の力を借りて、外に遊びに行ったり、どこかに行ったり、海外旅行に行ったりとか、友達を作って、まあくだらない話でも、お茶を飲んでだべるんでもいいんですけれども、それをするのか。それとも、そのまま暗く座敷牢のなかで生活するのかを選ぶのは本人ですから。もう、その二つに一つしかないんです。僕は二十何年か障害者を経験してみて思ったんですけれど、自分が満足して、〈もうこんな身体になっちゃった〉とかいろいろ言って、みんなに〈可哀想に可哀想に〉と言ってもらえることだけを期待して、暗く部屋のなかで生活していくのか。でも、待っていても何も来ないんです、今の世の中は。そっちを選ぶのか。それとも、自分からいろいろな人の手を借りてでも外に行くのか、それを選ぶのは本人だと思うので。それを切り換えるのはなかなか難しいと思うんです。で、また、人が何か言うとかえって意固地になって、〈そんなものするものかい〉と思う人がほとんどなので。だから、自分から何となく分からせられるというのが、一番いいと思うんですけれども。僕が、だって、絵を始めるときに、入院中に看護婦さんに、星野富弘さんの本をプレゼントされて、〈ほら、手も足も動かない人でも、口で筆をくわえて絵を描いている人がいるんだから、東さんも絵を描きなさい〉と言われて、その本を貰ったんですよ。でも、その本は未だに開けていないっていう。絵なんか絶対描くもんかと、その頃は思って。でも、退院してからつまらなくて、何となく油絵の大きいのを描いたら面白くって。で、なんか、近くの展覧会に出すようになったら、結構夢中になって絵を描き出したんですけど。そこが、まあ何というか面白いですよね。ちょうどいい時に勧めないと、かえって……。〈こういう人がいるんだから、こういう立派な人がいるんだから、車椅子でもこんなに立派な人がいるんだから、頑張りなさい〉と言う時期を間違えると、かえって逆に、〈そんなもの、だぁれが立派な車椅子になんかなるものか〉ってなっちゃったりとか。そこはだから、いろいろな指導をする先生たちの匙加減が、すごく大きいと思います。自分自身もそうだったし、いろいろな友達を見ていてもそうだし。〈パラリンピックに出ているこういう人がいるんだから、あなたも頑張りなさい〉と、やっとリハビリに出てきた人に言っても逆効果になっちゃったりする場合があるんだよね。自分としては、もうちょっと良くなるとか、治ると思っている人がほとんどですから」

――ああ、治るというのは、パラリンピックに出ている方よりももっと良くなるんじゃないかという希望を持っていらっしゃるんですね。

「はい、そうです。たとえば、脊損になって歩けなくなっちゃった入院中の若い子がここにいたとしますよね。でも、お医者さんに、おまえはもう車椅子で足は一生動かない、と言われても、なんとなく、もしかしたらリハビリとか、薬を飲めば治るんじゃないかというのは、必ずほんのちょっと片隅にあるんです。現にそういう人もいるし。たまたまその、診察ミスといったら変なんですけれども、僕らの入院していたときも、首の骨を折って手も足も全然動かない女の子がいて、一生車椅子だと言われていた女の子が、なんかみるみる足が動くようになってきて、治っちゃった子がいたんです。それは奇跡でも何でもなくて、たまたま不全麻痺だったんですけど。でも、実際に首の骨は折れていたし、そのお医者さんの経験からいくと絶対に車椅子なんですけれど。そういう人もなかにはいるんです、稀に。そうすると、自分もそうなるんじゃないかと、必ずみんな思っていますから」

――東さんもそんなふうに思っていらっしゃった。

「ええ、当然。みんなあんなことを言っているけれど、自分だけは違って、きっと何年かしたら足が動くようになるんじゃないかとか。もう切断して、無くなっちゃっていたら諦めますけれど、そうでない場合は、必ず……癌の人でも、かなり末期になっていても、なんとか、もしかしたら治るんじゃないかと、みんな思っていますから」

――じゃあ、もう全く動かないんじゃないかというよりも、どうにかして、もしかしたら、自分は大丈夫なのじゃないかと思っていらっしゃるという時期が結構あって……。

「あるある」

――そういうときに、下手にいろいろなことを勧められたりしても、反感をもってしまうということですか。

「そうですね。反感をもってしまいます」

——その反感は、できないのに勧められたという反感じゃなくて、もっとよくなるんじゃないかという希望から出た反感でもあるということなんですね。

「そうですね、ええ。入院中は、もう完全に専門病院だったので、はっきりしているんです。一週間したら、〈もう手も足も動かないから、その残された機能で生活していけるように訓練しますから〉とちゃんと言い渡されたんですね。だから、リハビリでも、マットに寝かされて、動く腕だけを鍛えるバーベルの練習だけで、ほかは何もしないんです。でも、自分としては、足の訓練とかもしてもらいたいとか思っているし。まあ、専門病院だから、当然、そういう無駄なことはしないというのはあって。だから、すごく虚しい訓練だったんですけど」

——そこだけが残された機能だから、そこだけを鍛えるんだと。

「そうそう、そこだけを鍛えて、これから生活していけるように訓練しますからってプログラムを組まれるんですけど。逆にそんなことを言わないで、〈じゃあまず、ほかも動くようになるかもしれないけれども、とりあえずは、今動く腕の筋肉をつけましょうね〉とか言って訓練させられていたら、何とかやっていたかもしれないですけど。それは、まあ、言い方なんですけれど。まあ、どっちがいいか分からないんですけれども」

——訓練のさせられ方自体が、もうこれ以上は足は動かないんだよということを、毎度言われているのと同じようなことなんですね。

「そうですね。だからそのとき思ったのは、動かないにしても、〈まずは動く腕だけ訓練しましょうね〉と言われてやっていたら、一生懸命やっていたかもしれないですけれど。〈もうこしか動かないんだから、ここだけを鍛えましょう〉と言われてやるのと、同じ訓練をするのであっても、ちょっとニュアンスが違ってくると思うんですけれど」

――そういうなかで、どんなふうに気持ちが変化していかれたんですか。人に言われても駄目だというお話をしていらっしゃいましたが。

「そうです。だから、リハビリはほとんど、リハビリのサボり魔と言われていたぐらいで、あまりしなかったです」

――だんだんに自分の身体が、自分の足が、もう動かないんじゃないかというふうに思っていかれたのは。

「それは時が解決したんです」

――時間の流れのなかでそういうふうに納得していかれたというか、諦めていかれたというか。

「そうですね。でもまあ、最初にもう、〈あなたは車椅子です〉と言われたのはすごく大きいとは思う。かえって――なかなかそこは難しいんですけど――病気とケガの種類にもよると思うんで。それは、僕がどうこう言うことじゃないと思うんですけど」

――そこから、暗く部屋にこもっているか、自分で外に出て行かれるかという気持ちの切り替わりは、いつ頃、どんなふうに起こってきたんですか。

「一年ぐらい全然どこにも出ないで、閉じこもっていた生活をして……」

——お家に帰っていらしてから。

「うん、帰って。やっぱりだから、どんどん具合も悪くなってくるんですよ、当然。身体も動かさないで、ずっと寝ているわけですから」

——この部屋でずっと寝ていらっしゃったんですか。

「そうですね、ええ。部屋の改造する前だから、もっと狭かったですけれども。で、なぁんにも起きないですよね。だから、このまま死んじゃうのかなと思ったんですけどね」

——何も起きない、何も変わらないで、あとはもう、先にあるのは死。

「そう、何も起きないです。何も変わらないんです。死ぬまで、当然」

——その死ぬ日までずっと変わらない毎日だということ。

「そうです。このまま身体が腐って死んでいってしまう、と思ったときに、何か……。人生はこう、一回しかないんですよね。で、リセットもできないし。だから、しようがない、この身体で……生きていこうと思ったんですね。で、病院の駐車場に遊びに行くと、みんな同じような車椅子の人が車で遊びに来ていて、じゃあ伊豆に釣りに行こうか、とかいうことがとても多かったんです。それとあと、結構その病院って、看護婦さんとかも、なんか、遊びにと言っては変なんですけど、よく車椅子の人とかみんなと、お医者さんのインターンですとか、そういう人も、飲みに行ったりとか、その釣りに一緒について行ったりとか、どこかにドライブに一緒にみんなでグループで行ったりという人が結構多かったので。だから、すごい、みんなで出かけるっていうことが、結構多かったんで、こう、外に出かけるきっかけになった」

――最初に出て行かれたときは、随分決心して出て行かれたわけですか。それとも、自分のなかでは自然な感じで？

「そうです。だからそれは病院の環境だと思うんですけれども。あの、近くにファミリーレストランがあったんです。車椅子の人たちが、なんかよたこらよたこらしながら、三、四人集まって、病院から抜け出して、コーヒー飲みに行ったりとか、ご飯を食べに行ったりとか。で、その頃、随分……二十年ぐらい前だったのに、そこの、病院の側のファミリーレストランはちゃんと段がなくて、車椅子の人が入れるようになっていたんです。だから、そういうところに、ファミリーレストランに行くのも、それなりに自然に行けたし。僕が入院していた病院の環境は、すごく良かったんじゃないかと思う。で、そうですね、看護婦さんとかがついて行って、四、五人で一日釣りとかして。僕の場合は全然手が動かないので、竿をこうやって持っているだけなんですけれど。で、こう、こうやって（と竿の持ち方を手の動きで示して）。隣の手のきく車椅子の人が餌をつけてくれたりして、一日そうやって堤防で釣りをして。で、とても面白くって。なんか、家で寝たきりでクサっているより、こうやって遊んでいるのも面白いなと思って。で、やっぱりその、外に出て、日を浴びてポッカラポッカラしているのは、とても気持ち良かったので。それが、なんかきっかけにはなっているんですけど」

──一回そういうところに行ってみようよと誘われたのは、車椅子の周りの方からですか。

「そうです。昔の古い車椅子の人です」

G6　当事者間交流

──ちょうど次の質問にも関わってくることなんですけれども、満足度が上がったことには、同じ障害のある人の存在は関わっていますか。

「ああ、大きいですね、とても大きいと思います」

──そのあたりのことについて、詳しく聞かせていただけますか。

「そうですね、だから……。最初に外へ連れ出してくれたのは、同じ車椅子の人です。釣りにでも行こうよとか、スーパーに買い物に行こうとか。ここから病院まで二十分ぐらいなんです。そこまで車で行くと、その病院っていうのは不思議で、みんな車椅子の人が、なんか大会とかに出るので、車椅子におもりをつけて走っていてみたり、スロープを上がって筋力アップをしていたりとか、あとバスケットの練習をしていたりとかいうようなところだったんです。車椅子の人たち用に開放している体育館とかもあって、喫茶店とかもあって。だもんだから、ここら辺（自宅の近く）に行くよりは、そこに行ったほうが、同じ障害を持っている人がいるので、なんか心が安まった。今は、結構、スポーツセンターとかありますよね、いろいろなところに。障害者スポーツセンターとか。だから、そういうところに行くことは、とても大きいと思います」

――リハビリの最初の頃には、たとえば星野さんの本を渡されたり、パラリンピックとかの情報をもらったりしても、反感があったかもしれないということでしたけれども。ちょうどそのときご自分のなかで時期が来たという感じをお持ちだったんでしょうか。

「そうですね。だから、アーチェリーを始めたのも、病院にアーチェリー場があって、脊損の人たちがアーチェリーをやって、楽しそうにしていたんです。僕の場合は指が動かないので、アーチェリーはできるとは思っていなかったんですけれども、それを見ていたりとか。退院してから、補装具をいろいろ工夫して、指が動かなくても撃てるアーチェリーとかを開発したんです」

――そこにも、先ほどのお話の、補助具で補っていくということが関わってくるんですね。

「ええ、そうですね。だから、その補装具がなかったら、当然パラリンピックとかにも行けなかったたし、今の生活も半分ぐらいなかったと思います。アーチェリーを始めるようになったというのは、すごく大きいですから、僕の生活にとって」

――アーチェリーも、最初は周りの方がするのを見ていらした。

「見てたんです。というか、指の動かない人がアーチェリーをできるというのを知らなかったもんでね」

――それはどういうふうにして知ったんですか。

「えっとね、なんかこうね、(手の動きで示しながら)ここにこういう針金みたいな鉤をつけて、こう弦を引っ掛けて、こうやって引っ張ってきて、捻って外して撃つ、ということをやっている人はいたんです、頸損の人が。あと、アベべ選手っていますよね、あの東京オリンピックに出た。あの人も、やっぱり指が動かない頸損なんですけれども、そういう引っ掛けの装具で撃って、大会とかに出ているんです。それでいろいろ調べたら、電気を使わなければ、そういう義手とか補装具はどんな工夫をしてもいいっていうルールになっているんです。だから、義足の人がすごい勢いで走ったりしますよね。あれはもう、機械の工夫でタイムが変わってきた。車椅子もそうなんですよね。だから、すごく面白いですよね。だから、自分でもそういう装具を開発して、って思ったんです」

——そういうふうに外へ出て行こうと誘う仲間でもあったし、競技や何かで競い合う仲間でもあったんですね。

「そうですね、ええ」

——身近な方や、それ以外にも、同じ障害のある人の存在で、何かほかに思い当たることはあるでしょうか。

「うーん、まあ、絵の仲間というのは結構いたんですけれど」

——アーチェリーのほかに絵も描いていらっしゃいますよね。最初は、お独りで油絵を始められたんですか。

「あと、またそれもその病院なんですけれど、病院に絵画サークルがあったんです。障害者の車椅子の人たちが来て油絵を描いていた、みんなで集まって。それはまた、だから、上から、〈あなた絵を描きなさい〉とやられるのとは違って、なんとなく、ああ、車椅子の人がみんな集まって絵を描いているというので、何となく自分も入っちゃって。何となく自分も絵も描くようになったら、何となく自分も入っちゃったという。だからその、〈星野富弘さんみたいに、手も足も動かなくても、口に筆をくわえて絵を描いている人がいるんだから、頑張りなさい〉と言われたときには、誰が絵なんか書くものかと思っていたのが、なんとなく自分がいろいろな障害者の人が絵を描いているところを見たら、自分から描いてみようかと思った。それって、へそ曲がりなのかもしれないですけれど（笑）」

——上からじゃなくて、自然に仲間がいて、場があったということですか。

「場があったということは大きい。でも、基本的にはリハビリで絵を描く時間もあったんです」

——その時間は東さんにとってどんな意味がありましたか。

「PT（理学療法）でバーベル上げをやらされるよりは、クーラーのきいた涼しいOT（作業療法）室で絵を描いているほうが気持ち良かったので（笑）、そっちばかり行っていましたね」

——もともとお好きだったことなんですか。

「いや、絵は描いていなかったです。ケガしてから始めたんです」

――アーチェリーもケガをしてからですよね。

「ええ、そうです」

――それまではしていなかったいろんなことに、随分挑戦された。

「ええ、そうです。だから、病院に行って、スポーツ大会とか、そういうスポーツ関係で車椅子の競技とかアーチェリーがあったし。で、まあ、OTも関係していたけれど、絵のサークルもあったし」

――最初のお話で、専門病院だったから脊髄損傷の方が周りにたくさんいらっしゃったというお話でしたけれども、そういういろんなサークル活動にも、同じように、脊髄損傷の方がごく自然に参加していらっしゃるという状況だったんですね。

「そうです。だから、なんていうか、変な言い方をすれば、みんなおかしい人ばかりが集まっているから、そこに行っても、なんていうか、劣等感がないというか。もしその時期に健康な人のスポーツ施設ってありますよね、ああいうところに行くかといったら、行かないですよ。自分だけがこういう身体で」

――今だったら、いかがですか。

「行かないですね。ちょっと……やっぱり恥ずかしいというか、みっともないというのは根底にはありますから」

――それは無くなるものではない。

「ええ、無くなるものではないと思います」

――さっきおっしゃった、慣れというようなことですか。

「そうです。でもあの……これは別に差別とか偏見ではなくて、自分でも見習わなければいけないと思うことなんですけど、僕の友達とかでＣＰ（脳性麻痺）の子とかもいっぱいいるんですけれども、生まれつきの子というのは人前に行ったり……まあ人にもよるのかもしれないですけど、そういうところに行っても結構平気というところがあるんです。その人の性格にもよるとは思うんですけれども。でも、一般に中途障害の人よりは、生まれつきの障害とかケガをしている人のほうが、世間に対する溶け込みは平気みたいですね」

――生まれつき、最初からそうだったということと、東さんのように途中で損傷を受けられたこととは随分違うと思われましたか。

「ええ、僕は中途障害ですが、違うと思います。だから、病院関係の人が、指導とかいろいろなことをするにあたっては、そこが一番、すごくネックになると思うんです。やっぱり中途障害の人というのは、結構難しいと思います」

――中途障害の方の難しさというところをもう少し教えていただけますか。

「ええ。ええ……それはやっぱり、なんというか……今までみんなと同じ生活をしてきてたわけですから。で、自分だけがひどくなっちゃったわけじゃないですか。良くなるわけはないんだから。病気とかケガで、今までより良くなったという人は、まあいないわけだから。そうすると、そこで携わるにあたっては、やっぱり難しいと思うんです」

――それは東さんも経験されたことですね。

「そうです」

――お元気な頃は、そういう身体の障害に関してはどんなふうに感じていらっしゃいましたか。あまり考えたことはないですか。

「えっ、自分自身ですか。いえ、全然考えたことはないです」

――ハンググライダーをなさっていましたけど、かなり危険なスポーツですよね。

「自分だけは大丈夫と思っていましたから、ええ。車椅子に乗っている人がいても目に入らなかったですよね、今考えてみると」

――元気だった頃?

「元気だった頃はね」

――で、ある日突然、自分がもうこの先は車椅子だということを言われたわけですよね。

「そうなっちゃったものだから、落ち込みはすごく激しかったですよね。でも今は、オートバイとかいろんなので事故して、車椅子になっちゃう人って大勢いますよね。今は、高度先進医療でみんな結構助かっちゃうので。そういう若い子とかは、やっぱり落ち込みがかなり激しいですね」

――身近で随分見ていらっしゃるんですね。

「ええ、見てますね。自殺した人も何人もね、知っていますし。そこはやっぱり……そうですね、携わる人によって随分変わってくると思います、その人の生活というのは。だいぶ、微妙なところに。お医者さんというのは、最善の治療をするというのが、患者さんに携わる一番のこと。もちろん大切な役目を果たすんだけど……。人生半ばでケガをして、その後、不自由な身体で再び社会に戻って行かなければならないっていう状況下での入院で、次の人生をどういう方向にしていくかという道を、方向を決めて、その人なりの障害像みたいなものが安定するには、医者以外の人っていうのがかなり関わってくるんですよね。看護師や理学療法士、作業療法士、掃除のおばちゃんや食堂のおじさん、会計のおねえさんにいたるまで、その患者に関わるすべての人々がとても大切な役割を担ってる。たとえば、僕が入院していた病院では、スタッフのみんなが車椅子を見慣れてるんで、〈不幸な人〉〈かわいそうな人〉という目では誰も僕を見ていなかったし。そんなことで救われた部分はかなりあったと思いますから。それなのに、最近は、結構重傷の病院でも三カ月しか置かないとかになってきちゃうんで、心のケアが固まる前にみんな家に帰されちゃうもんで、何か結構……いろいろな人を見ていても、難しくなっちゃっている。昔は、一年半とか二年とか病院にいたんです、みんな。長い人は三年も四年もいて。本当に固まっちゃうというか、精神状態が安定してから退院するので、結果はそんなに……。まあなんて言うか、今は精神状態が固まる前に追い出されちゃうもんで、家の環境がよければいいんですけれども、下手をすると夫婦者でも、車椅子になって――下半身不随になった方で――離婚しちゃうとか。そんな身体で帰ってこないで、という状態の人も多いので。最近の方とかは、みんなそういう状態で病院から出されてしまうので」

――身体の急性期の治療だけじゃなくて、心が固まってきて、その時期を自分がある程度慣れて過ごして、それから自宅に戻ってくる、その期間も必要だと。

「そうですね。必要なんですけれども、今はそういう期間がないんですよ。医学も進歩しちゃったんですけれど。だから、リハビリとかも本当に教科書みたいなプログラムで、どのぐらいの障害の人だったら、どういうプログラムというのをガチッとやって。まあ、時間がないからしようがないんですけれども、いろんな人を見ると……。病院とかには仕事でしょっちゅう行っているんですけど、環境のいい人はいいんですけれども、そうでない人にはかなり悲惨な生活が待っているのがほとんどです」

――東さんご自身は、ご自宅に戻られたときに、ご家庭での生活に何か変化ややりにくさは感じていらっしゃいましたか。

「それはもう。だって全介助になってしまうわけですから。年老いた二人の両親らにやってもらわなければ、体位交換でも、洋服でも、何でもやってもらわないと駄目だから。それは悲惨でしたね。だから、障害者の人が家に、家族に一人できちゃったら、その一家は悲惨な過程を辿るというのが現実です」

――ご結婚されたのはおいくつのときですか。

「ちょっと待って、いくつだったかな。退院して、何年かそうやっていろんなことをやったり、会社をつくったり、パラリンピックに行ったりとか、いろんな絵画サークルに行ったりしていたときに、うちのと知り合ったんですけど。六年ぐらいつき合って、それから結婚したんですけど。十二年ぐらいかな、結婚してから、ええ。そうやって外に出なければ、そういう出会いも当然なかったと思うし」

F1　六つのうちで最も関係したもの

――では、今までいくつかお訊きしたのは、身体の状態や障害自体の改善、ハードウェアの改善、周りからの受け入れ、専門家の援助、ご本人による障害の受け容れ、それから、同じ障害のある方の存在についてですが、今までお訊きしたなかで、東さんの生活満足度が上がったことには、どの事柄が一番大事だったとお考えでしょうか。

「やはり友人関係っていうのが一番。ケガしてからの、退院後の友人と言っては変なんですけれども。だから、地方とかで退院しちゃう人も、その地方に行ってからの友達関係とか、誰かがいるかどうかで、また孤立度が違ってくる。あと、行くところがあるか。行くところがないんですよ、大抵は。車椅子になって退院しますよね。で、行くところがない。そうすると、車椅子で結構手がきくような人でも、家に閉じこもりがちになってしまう」

――行けるところがあるんだったら行きたいと思っていらしても、そういうところがないから閉じこもってしまう。

「そういうところは少ないね。だから、趣味が釣りとかいう人は、また別だとは思うんですけど。あと、スポーツ施設が、たとえばこの辺のスポーツセンターみたいな施設があって、そこに行けるという人がいると、かなりまた違ってくると思うんです」

――東さんの場合は、ご自宅がちょうど病院の近くにあった。

「そうです。スポーツセンターみたいなものですから、そこの病院は」

――非常に行きやすい場所に行けるところがあって、思い立ったときに、じゃあそこに行ってみようかと思われるようになった。

「そうです。毎日でも行けるスポーツ施設みたいなものですから。今も、そこの病院はここから近いんですけれども、いつ行ってもアーチェリー場でアーチェリーの練習ができるし、仲間がいるし、ご飯を食べるところもお茶を飲むところもあるし」

――アーチェリーができる場所でもあるし、人に会える場所でもある。

「そうです、ええ」

――そちらでのご友人は多くいらっしゃるんですか。

「ええ。アーチェリー場に行けば、必ず誰か練習していますし」

――絵のほうは、遠方にもお知り合いの方がいらっしゃるんですか。

「まあ、それはでも、メールとか、あと、年に何回かの展覧会とか、集まりとかです。まあ、絵のほうは、発表の活動があれば、健常者の人のなかでも十分活動できますから」

――そういう方面でのご友人とのおつき合いは、今でも？

「あります。それは健常者の会ですけれども」

――もともとのご友人、ケガをなさる前のご友人関係も続いていらっしゃいますか。

「つき合っている人はほとんどないです。一人たまに来るぐらい」

――その後、新たに作られた人間関係であったり、場所であったり。

「そうですね。ええ、それが一番心も安まるし、気も楽ですし」

――入院して治療して、それから退院してきた後に、どんな生活をなさるか、どういう方とおつき合いしたり、どういうところに行ったりするかということが、満足度に随分関わっていらしたということですね。

「そうです。だからそれが、趣味にも生きがいにも結びつくわけですから」

――生きがいという言葉が今出ましたけれども、東さんのなかで、こういうことが今の自分の生きがいだということはどんなことでしょうか。

「ああ、そうですね、それはいっぱいあるんですけど。アーチェリーだったり、仕事だったり、ラジコンだったり。まあ、ほとんど、アーチェリー場に行ってアーチェリーの友達と話をしたり、ご飯を食べに行ったり、大会に行ったりというのが一番大きいですね」

――そういうことをお持ちだということがどんな意味をもっていらっしゃいますか。

「もしそれがなくなっちゃったら、また振り出しになっちゃうぐらい。何もなくなっちゃうんじゃないかと思う」

――今もっていらっしゃるすべてのものに近いような。そういうものを非常に大事にしていらっしゃる。

「だから、アーチェリーの友達とか、そういう連中とどこかに行ったり、何か食べたり、練習したり。あと、試合が結構遠くであるんですけれども、そういうのが全部なくなっちゃったら、また退院した当時と同じ。また何かを見つけなければならないと思うんですけど」

F2　六つ以上に大事なもの

――それだけのことを、退院後にもう一度ご自分で作っていらしたということなんですね。あと、今お訊きしたもの以外に、満足度が上がったことについて、もっと大事な事柄が関わっていたでしょうか。もしあったら、そのことについて聞かせていただけますか。

「アーチェリー以外に、ということですか」

――いえ、今まで、六つの項目について順々にお訊きしてきたんですが、それ以外で、こんなことが関わっていた、こんなふうに大事なことがあるんだということが、もしあったら教えて下さい。

「やはり一番大事なのは友人関係。友人関係が一番だと思いますけれどね。あと、そのほかって言うと……。自分の一番の希望としては、ケガをした人のなかには、保険とか、お金とかをもらえる人がいますよね。それがもう、私は大きいと思うんです。車椅子の人とかで、労災でケガをした人というのは、労災貴族と言われているんです、僕らのなかでも。生活するに当たって心配がないので。かなり大きなケガをしても、それからのスタートラインはかなり違うと思いますね」

――そういう経済面の保障。

「経済面の保障です。今は、健康な人でもリストラされたり、勤めるところも結構厳しい時代なので、障害者の人が勤める場所なんか、ほとんど無いに等しいんです。みんなクビになってしまう」

――東さんはご自身で会社を作られたわけですよね。

「ああ、そうです。自営だから何とか細々とやっていけるんですけれども。今は厳しいですよ、本当に、身障者の人が働いていくには。仕事がない」

――そういう経済的な安心感は、非常に大きなものだということですね。

「大きいです、大きいです」

――先ほど、昔のほうが、一年半ぐらい病院にいて、心のケアもしっかりして、それから退院されたというお話でしたけれど。

「ええ、そうです、そうです」

――それでもやはり、退院されてからは、しばらく落ち込んでいらしたということがあったわけですよね。

「そうです、ええ、ええ」

――今の人たちは、実際に医療が進歩したというのはあるけれども、三カ月で退院。

「そうですね、短いですね」

――そうすると、今の人のほうが、逆に厳しい面もあるということですね。

「厳しい面はありますね、ええ。ただその、今の人というのは、逆を言えば、世の中に障害者の人がかなり出回っているので、その点は少し昔と違って安心度、孤立度というのは、かなり違うと思うので。だから、病院の入院期間は短いんだけど、世の中に、車椅子の人とか障害者の人とかが出歩いている人数が多いので、そこはちょっとは違うんじゃないかと思うけど。まあ、でも、心の、自分の心の準備ができる前に退院させられちゃうというのが一番……。下手すると、家の家屋改造も済んでいないのに、出されちゃう例もあるので。病院が置いておかない。下手すると、病院をたらい回しということになったりとか。そこが一番問題じゃないかと思います」

――最初のほうに、アイデアと工夫という話があったんですけれども、入院されたときにナースコールで苦労されたという話があって、その体験が今のお仕事にずっとつながっているわけですよね。で、実際には、そういう形で苦労しても、なかなかそれがその先に結びつかなかったりする人もいっぱいいるわけでしょうけれども。このアイデアとか工夫というのは、もともと東さんがもっていらしたアイデア性みたいなものが、障害の後も生きているということなんでしょうか。

「うーん、そうですね。絵を始めて、コンピューター・グラフィックに切り替えたりとか。それは、運がよかったというのもあると思うんですけど。パソコンもマウスクリックができないから、普通は絵が描けないとか、うまくできないって言うんですけれども、こっち側の手でマウスクリックだけやって、というふうに改造してやっているので、普通の人と同じマウス操作ができる。で、そこも変わってくるんですね。それも工夫、機械の工夫ですよね。

――単に市販されている物を使うだけではなくて、ご自身で工夫された物を使う満足感もありますか。

「ああ、そうですね。ただ、昔は何もなかったので、そうやって自分で改造しなければ駄目だったんですけれども。今はもう、いろいろな機械が市販されていますので。だから普通の、今の障害者の人はそんな、マウスクリックを自分で改造しなくても市販されているし、いろんなデバイスもいっぱい出てるし、ナースコールとかもいっぱい出てるし、車だって改造すれば乗れるし。車椅子だって、この車椅子はパワーアシストがついているんですけど、手の力が弱くても、弱い力でどんどん走り回ったりする。今の時代、今の時代は結構恵まれている。部品もかなり出ているんですよ。あとは、その……なんというか……障害をどのぐらいの時期で受け容れて、次の、第二の人生への切り替えができるかどうかというのが一番。それには、入った病院とか携わる人たちの環境によって、かなり変わってくると思う」

――受け容れる、というのは難しい言葉ですが、よく聞く言葉でもありますよね。

「ええ、ええ」

――どういうような心の状態が受け容れるという言葉に、一番近いと思われますか。

「だから、受け容れるというか、慣れるというか。僕が入った病院が、そういうみんなが、車椅子の人みんながスポーツをやっているのがもし無かったとして、じゃあ、ほかの病院に入って、車椅子スポーツをやりましょうと言われたとしたら、多分受け容れられなかったと思うんです。ところが、そのときは自然にみんながやっているのを見ていて、自然と入ってきたというのがあったので、自分も車椅子スポーツを自然とやったというのがあると思うんです。だから、その辺が難しいところですよね」

――病院のほうでは、アーチェリーやバスケットや絵画など、いくつぐらいの活動があったんですか。

「主にスポーツなんですけど。毎年、身体障害者スポーツ大会というのに、病院からバスを出して、選手を出しているぐらいで。卓球があったり、槍投げがあったり、いっぱいいろんなスポーツがあった。主に、スポーツをすることによって、リハビリを採り入れるという方針だったんで、いろんなスポーツはあったんです。だから、いろんなのがあって。夜中というか、下手すると、夜の八時とか九時ぐらいでも、退院した人が病院に来て、スロープを上って訓練していたりとかして、とても変な病院だったんですけど。だから、自然とそういうことが入ってきた。でもまあ、PTの先生に、君らも今度は六十メートル走に出ようよと勧められて、嫌々やったというのもあったんですけれども。でもそうやってスポーツを始めなかったら、今の自分はなかったかもしれない。

——それも、環境のなかに自然に慣れるような要素があったからということですよね。

「そうです、自然に慣れるような、ですね。目から、視覚から入ってきたというか、教科書に載っていたものを勧められたのではなくて、視覚から自然と入ってきた、というのがあった」

——頭で理解するというのではなくて、目からといっても、文字で入ってくる知識ではなく、実際に見て。

「そうです、見て入ってきた……。そうですね、今考えると、それが一番大きいかなと思いますね。教科書とか先生とかが、こういうスポーツがあって、こういうのをやりなさいとか、こうだからこうと言われてやるのとはちょっと違ったかもしれない。今は結構、情報量というのがすごく多いので、それがビデオだったり写真だったりというのがあるので、そういう資料を利用すれば、また違ってくるかなと」

――そのあたりは二十年前とは随分違いますか。

「ええ、全然違いますからね。だから、何かを患者さんに――リハビリでも何でもそうなんですけれども――勧める言い方、と言ったら変なんですけれども、その、最初に組み入れる組み入れ方の、携わった人の匙加減によって、それが拒否されてしまうかもしれないし、すんなり入るかもしれない、というところかな。そうですね、いろんな職業の人の、まあ、人を騙《だま》す力と言ったら変ですけれども、それがあるか。それとも、こんな人は少ないと思うんですけれども、たとえば時間から時間の、職業でやっているリハビリの先生がいますよね。教科書とか資料どおりにプログラムを進めていく人がいた場合の入り方、五時になったら違う人――洋服を着替えて、玄関を出て行くともう違う人になっている人っているんですけれども、そういう人――が勧めた方法とはまた違ってくるかもしれないですね。その辺は難しいですけれども。専門職の技術量によって、違ってくると思う。だから、患者さんが入院している間に、うまくいかに――口が悪く言うと――患者さんを騙すかという問題になってくるんじゃないかと」

――東さんを一番上手に騙してくれたのはどんな人でしたか、その専門家のなかでは。

「専門家というか、そこの病院の環境が一番。そこで騙されちゃったというのがある。だから、車椅子で楽しく生きていけるんだというのがもう、退院する頃には入っていますから、どこかで、潜在意識のなかに。現に、退院して車椅子に乗っている人はみんな楽しく釣りに行ってみたり、遊びに来たり。生活はとても大変で身体は不自由なのに、ちっとも大変じゃなくって、という人たちを、こう、心のどこかに見ていますから」

――障害を持っているけれども、楽しそうにしていらっしゃる方を見るということですね。

「そう、そうですね、それが大きいかな。現に本当にみんな楽しそうにしてたんです。で、何であんなに、車椅子に乗っていて楽しいのかなと思っていた時期もあったぐらいです」

――では、私からの質問はこれで終わりです。今日お聞きした内容はすべて匿名で扱っていくつもりです。外で発表するときも、東さん個人の身元に関する情報が漏れることがないように十分配慮したいと思います。

「ああ、別にいいですよ」

――最後に、東さんのほうでお訊きになりたいこと、確認なさりたいことはあるでしょうか。

「別にありません」

――では、これで終わりたいと思います。今日は調査にご協力いただいて、ありがとうございました。

ケースB（町 ひろ子）

年　齢　五十二歳
性　別　女性
職　業　自営業
同居家族　本人、夫、子どもの五人家族
障　害　一歳半のときにポリオに罹患
片下肢麻痺
インタビュアー　メイン・インタビュアー（――平部）
サブ・インタビュアー（――藤城）
実施日　二〇〇二年七月
場　所　自宅に隣接した職場

社会参加調査の五つのVASTを次頁に示す（図1-7～図1-11）。

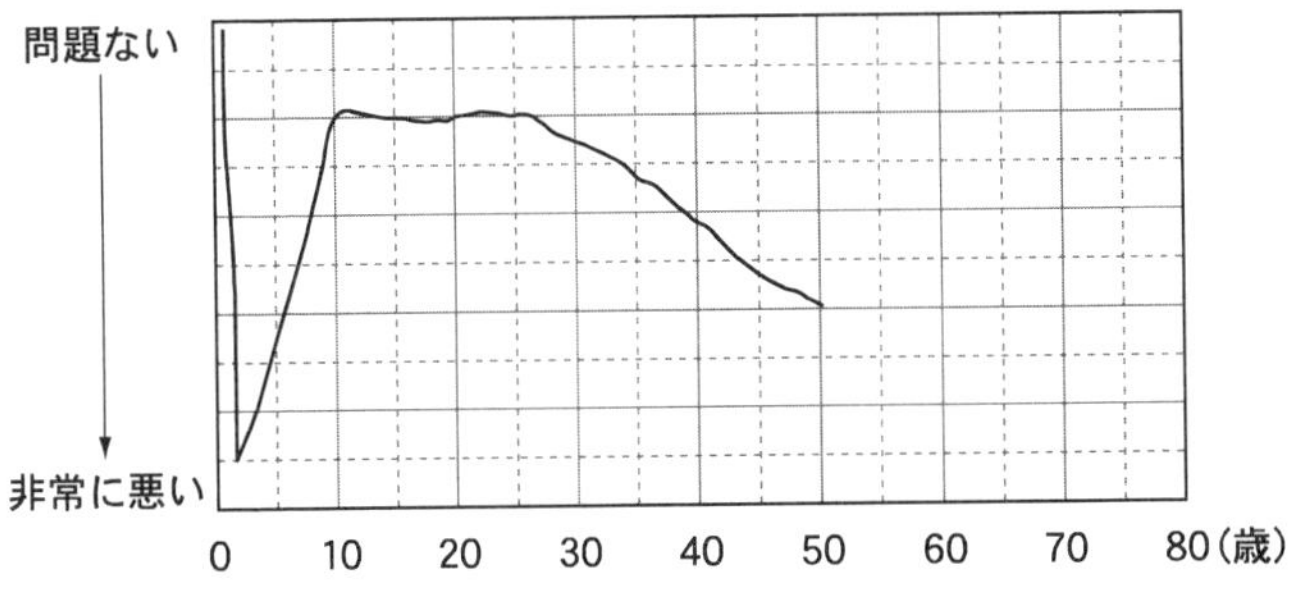

図 1-7　ケースＢ：身体の状態の経過

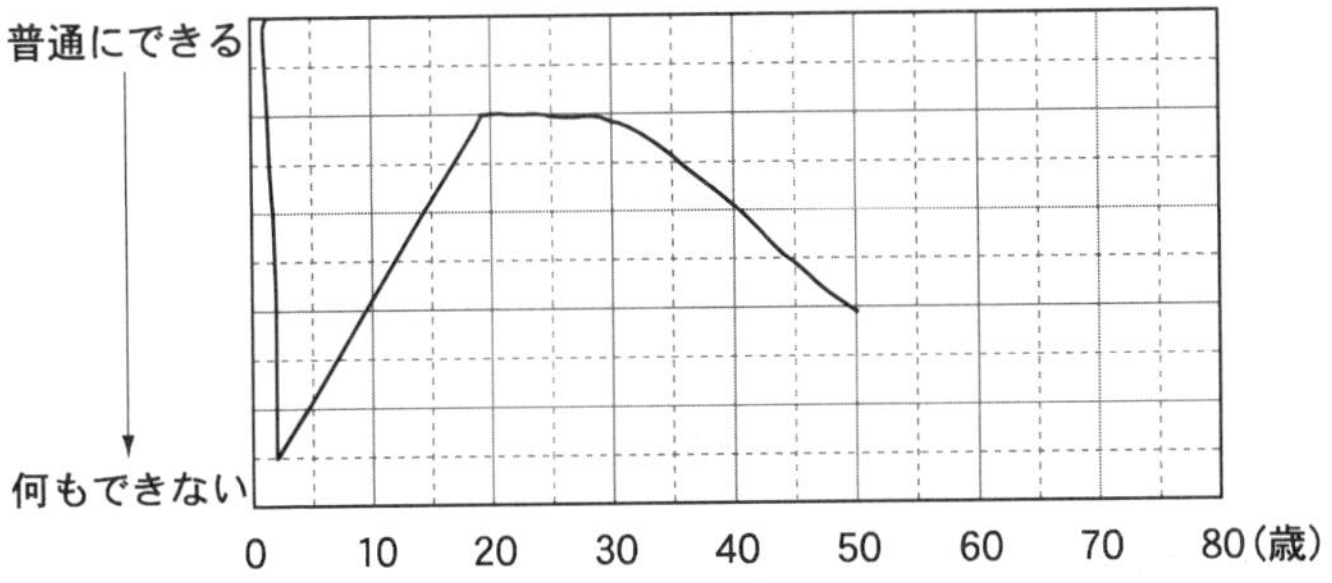

図 1-8　ケースＢ：活動状況の経過

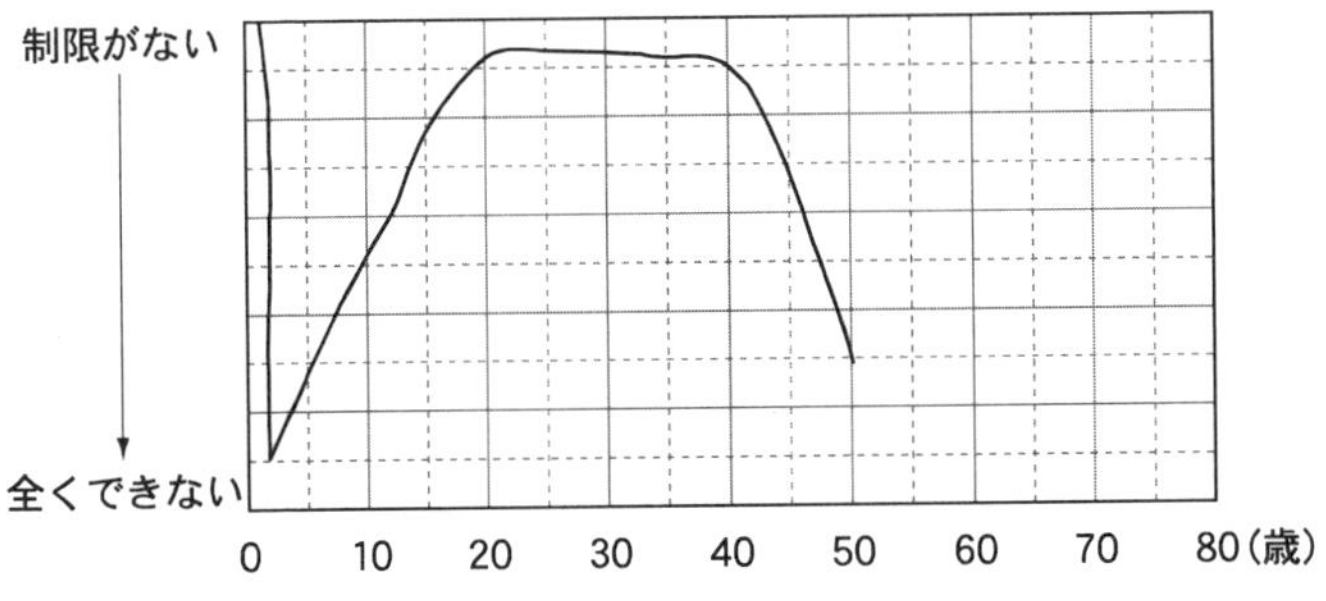

図 1-9　ケースＢ：社会参加状況の経過

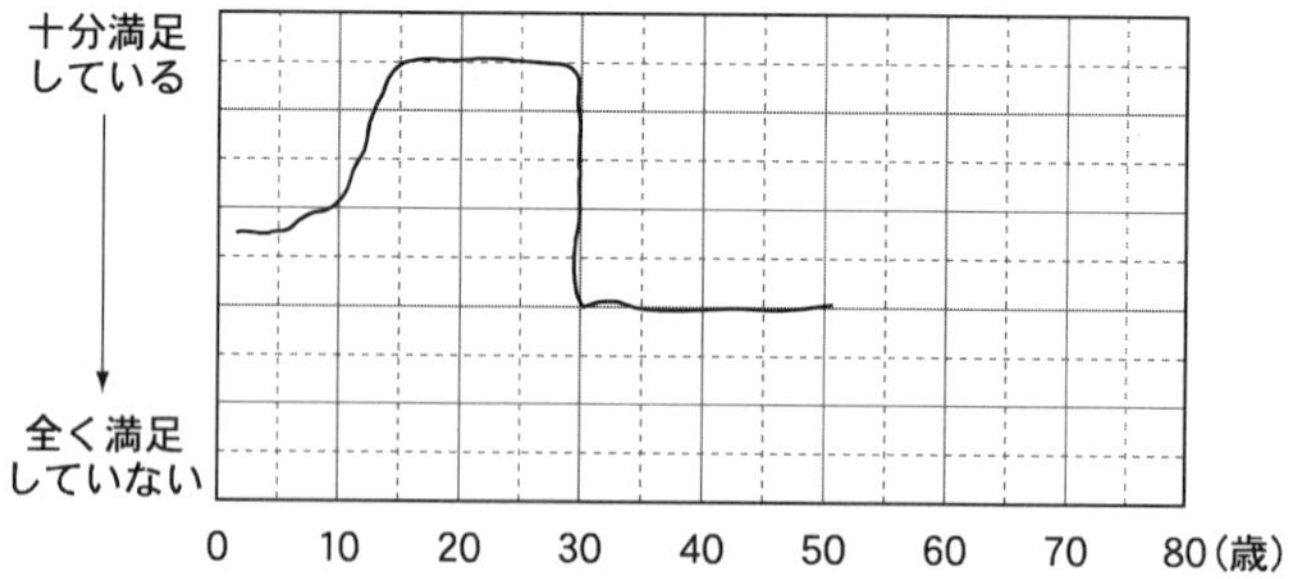

図 1-10　ケースB：社会参加満足度の経過

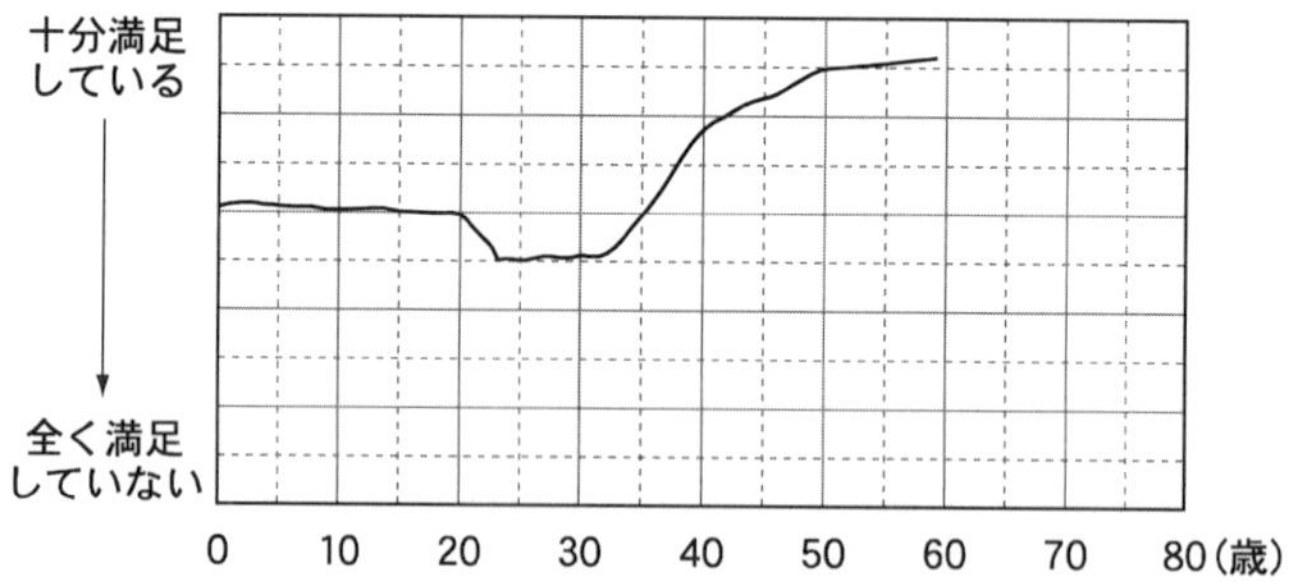

図 1-11　ケースB：生活満足度の経過

導入

——前回の調査では、生活満足度という言葉を使ってお訊きしてきましたが、これは生活全般に関する満足度という以上の定義はない言葉です。ですから、このインタビューでの生活満足度は、町さん自身のご理解でお答えいただければと思います。よろしくお願いいたします。最初に町さんのことについて少しお尋ねいたします。今は五十一歳でいらっしゃいますか。

「五十二歳かな、六月すぎたからね」

――五十二歳。

「はい」

――お住まいは、（このお店の）上の階ですか。

「はい、そうです」

――一緒に住んでいらっしゃるご家族は。

「夫と、それから子どもが三人」

――五人家族。

「そうです」

――皆さんこちらにお住まいなんですか。

「はい」

――以前の調査（障害基礎調査）で、お仕事は週五日と伺っていましたが、それは今も変わらずですか。それとも……。

「週六日です」

――週六日ですか。

「ええ、月曜日から土曜日まで」

――今日は、貴重なお休みの日にお時間いただいたんですね。

「あ、いいえ」

——一日どれくらい……？

「九時から六時までお店にいます」

——九時から六時。

「はい」

——すると大体九時間ぐらいですか。

「そうですね」

——じゃあ、こちらにいらっしゃるときは、大体動き回っているんですか。

「座っていることが多いです。お客様の相談のときは座ってますし、お客様がいないときにはもちろん座っています。調剤したりするときは立ってますけどね」

——そうですか。これは、以前の調査票（社会参加調査のＶＡＳＴの部分）をコピーしてきたものなんですが、覚えていらっしゃるでしょうか。

「はい。これ、すごく記入の仕方が難しかったですよね」

——皆さん苦労して書いて下さったようです。今日私たちがお訊きしたいのは、この生活満足度のＶＡＳＴに関してです。確認させていただきますが、ポリオに罹られたのは二歳のとき。

「一歳半です」

——グラフ（ＶＡＳＴ）では大体このあたりからですね、生活満足度が上がってきているのは。大体何歳ぐらいになるんでしょうか。

「三十三歳ぐらい。つまり結婚してからですね。結婚をきっかけに、はい」

――三十三歳のときに結婚された。

「そうです、三十二かな」

――そこからどんどん、こう、上がってきているということでよろしいんですね。

「はい」

G1　障害の状態

――ではこれから、この（三十二歳の）あたりで生活満足度が上がっていることについて、町さんのご経験から具体的なお話を聞かせていただけたらと思います。この生活満足度の上昇にどういうことが関わっていたかということで、いろいろお訊きいたします。まず、この満足度が上がったということに関して、町さんの障害の状態、身体の状態が変化したことが関わっていたでしょうか。

「それはないです」

――それはないですか。

「ええ」

――身体の状態というのは、あまりこの生活満足度に関しては……。

「直接結びついてはいないですね」

——そうですか。

「ええ、身体の状態が良くなったから満足度が上がったたっていうことではないですね。精神的に充実すると身体のほうも元気になるっていうことはありますけど」

——では、精神的に充実するほうが先で、身体の状態が直接関わってるっていうのとは違う。

「そうですね。それと、自分で前向きにいろんなことを考えることによって、たとえば、少し運動しようかと考えてやり始めて、結果として身体のほうも良くなってきたってこともあるかもしれません」

——ああ、そうですか。

「ええ」

——実際のところ、身体のほうはいかがなんですか。

「そうですね、今ですか。どのあたりから……」

——この（生活満足度が上がり始めた）あたりから、どういうふうに変化してきたのかなと。

「たとえば、どのぐらい長く歩けるか、階段をどのぐらい軽やかに上れるか、低い山なら登れるか、そういうことに関しては二十歳とか二十代前半ぐらいのほうが今よりはずっとできました。結婚することによってどうして満足度が上がってきたかっていうと……。要するに、この一番落ち込んでたときは、病院に勤めていて、うちの親二人と——妹は結婚していましたから——三人で暮らしていて、何か将来のことが見えなかったんですね。足も悪かったし、やっぱり自分は独身でいくのかなと。もうそうすると、仕事できちっと身を立てなきゃいけないし。薬剤師っていう仕事はありましたけど。全く将来のことがよくわからなくて。うちの親も、私にはしっかり手に職をつけさせる、将来困らないように教育して薬剤師にさせるって考えて、そこまではよかったんですけど、その後ね、自分たちも年とってきて、果たしてこれからどうなるのかっていうことで、何か三人で結構暗い生活だったんです。食事なんかは全部母がやってくれたし、そこら辺はすごく楽だったんですけど、私のなかでもやっぱり、どうなっちゃうのかなっていうものがあったんですね。だから、精神的にもちょっとそのあたりは暗い時期で、結婚してから、初めて自分がこう何か……。あの、それまでも足が悪いことで卑屈になることは一切なかったけど、足が悪いから頑張らなくちゃっていうのはすごくあって、すごく頑張る。みんなポリオの人って頑張り過ぎるとこありますよね。私もやっぱり頑張って一生懸命やってきたけど、結婚してからはなにか肩の力が抜けたっていうかな。〈あ、ここから始めていけばいいんだ〉という自分の足場、基礎ができたっていうのかしら。土台っていうか、ここから築いていけばいいんだってことがはっきりと分かって。で、子どもが次々三人生まれて、周りから見れば、足が悪いとだっこするにしてもおんぶするにしても結構大変ですよね。でも、夫の協力もあって、そういう点での大変さっていうのはあまり感じなくって。それまでの自分には、障害があるってことで、やっぱり何か頑張らなきゃっていうのがあったんだけど、子どもを通しての保育園や小学校でのいろんなつながりは、それまでの気持ちとは違って、子どもの母親、お母さんという同じ立場で接すると、気持ちが楽で、そういう意味で――満足度っていうのかしら？――上がったかなっていうのはあるんです。いろんな肉体的な点では、昔は低い山なら登れたのが、今は坂道もちょっと大変っていうのはあるけど、でも、それは自分なりに杖を使ったりすれば行けるし、行けなくても、まあしょうがないかなって考えられるようになったたっていうかしら」

＝動くのも頑張って動くっていうんじゃなくって、生活のなかで本当に必要なことでは動くし、そうじゃないことについては無理をされなくなったっていうようなことですか。

「そうですね」

＝たしかに、以前描いていただいた社会参加調査のＶＡＳＴを拝見すると、身体の状態や活動状況は落ちてきていらっしゃるんですよね。これもご結婚後、そんなに無理をせずに自然になって、生活の満足度としてはだんだんに上がってらしたっていうことですね。

「そうですね。それと、子どもが私に対して、普通のお母さんっていうか、もう最初から足が悪い普通のお母さんっていうふうに思っていて、あたりまえっていう形で接してるんで。ま、子どもはそうですからね。そういう意味でも何か……。私が足が悪かったことによって、自然に、たとえば荷物持ってくれたり、何かと手助けしてくれるんで、ああ、障害者と普通の人とが暮らすっていうのはこういう意味があるんだな、とか思ったりして。そういう意味でも、満足っていう言葉ではないけれども、役割は随分あるんだなって思ってますね」

――同じご家族といっても、ご実家での役割と、結婚して新しくつくられたご家族での役割は、何か違いましたか。

「それはそうですね。たとえば、自分の子どもがもし一歳半のときにポリオに罹って、それまで走れてたのに走れなくなったりしたら、足が不自由になったたっていうことを考えると、本当にうちの母親がどんなに苦労したか、今振り返って改めて分かるんですよ。そういう意味でも、うちの母親って今でも……父親もそうだけど、やっぱりね、引け目を感じてるみたいなの。私がこれ（障害基礎調査・社会参加調査のアンケート）を書くときに、いくつのときはどうだった？　とかいろいろ訊いても、うちの父親なんか、〈何でそんなこと今ごろ訊くんだ〉って言いたがらなかったし」

――親御さんとしての引け目ということですか。

「そうそう。もうね、精いっぱいやっても、あのときはまだ、ポリオだってことが判らなかったんですって。だから、誤診されておなか切ったり、大学病院に入院したり。家が一軒建つぐらいのお金をかけたし、精いっぱいやったっていうか。それはそうだと思うんですよ。だけども、そういうことを聞いて、〈今、本当に感謝してる〉とか、〈大変だったよね〉って言っても、親のほうは、〈もうそのことはいい〉っていうか。触れられたくないまでは強くないかもしれないけど、私が思ってる想いと親が思ってる想いがね、何か違うんだなって思うんです。私は本当にすごく感謝してるんだけど、親はそうじゃなくて。やっぱりちょっと負担……負担っていうんじゃないわね、私に申し訳ないって気持ちが少しあったりとか。そういう親子関係」

‖そういう重みを感じながらご両親は子育てをしてらしたっていうことですね。

「そうですね。うちの親の子育ては、自分で何でもやらせて。だから、そういう意味ではね、しっかり自活できるようにしてくれたから、それはとてもよかったんだけど。でも、今思っても親のなかではね、きっと大変だったんだろうなって」

‖東京がご実家っていうことでしたが。

「そうです」

‖それでもなかなかポリオということが判らなかった。

「判らなかったんですね。その数年後から生ワクチンが出たのかな(注・日本では昭和三十六年より生ワクチン導入)。ピークよりちょっと前だったのかしら、昭和二十六年って。家の近所にね、私の二歳下ぐらいにもう一人いるんですよ」

‖そうですか。

「で、腸捻転って言われておなか切ったり」

‖そういうこともあったんですか。

「おなかが痛いとか発熱とかがあって、やっぱりおかしいっていうんで、大学病院に入院してからポリオだって判ったっていう」

――それがもう五歳ぐらいになったとき。

「いやいや、一歳半でおなかが痛くなって、その半年か一年ぐらい後でしょうね。で、その後もずーっとマッサージの人が来てくれて、小学校三年、四年ぐらいまでリハビリやって。その後二回手術して。だから、親はね、ずーっと大変だったと思います」

――町さんは、ご自分がポリオだと知ったのはいつ頃なんですか。

「あ、それはもうずっと知ってました」

G2　ハードウェアの改善

――では、満足度が上がったことには、装具の改善であるとか、住まいや社会の設備の改善などは関わっていたでしょうか。そのことについて聞かせていただけますか。

「装具の改善はないですね」

――ないですか。

「ないです。ただね、靴。装具をつけてると、昔は市販の靴は全然合わなかったんです。だから、靴も特別なのを靴屋さんに作ってもらったりして、すごく恥ずかしい思いしたっていうか。やっぱり目立つでしょ。高校のときなんか、嫌だなと思ってたんです。でも、最近はスニーカー・タイプのものとかで、結構皆さん大きめのを履くようになりましたよね。だから、最近はもう全部市販の靴で間に合うんです。いつも靴で頭悩ましてましたから、そういう意味ではとても楽になりました。あと、これは装具じゃないけど、パンタロンって流行りましたよね、私が二十歳ぐらいのときに。それ以前の普通のズボンは細めだからはけなくて、スカートだったんです。それで補装具が見えても、まあそんなもんだと思ってましたけど、大学入ってからパンタロンと出会って、〈ああ、はくと見えなくなるんだな〉って。衣服で隠すとか、そういうことは思ってもいなかったけど、それ以来ずっと何かパンツばっかりで……」

――靴も履きやすさではなくて、見た目でとおっしゃっていましたよね。

「そうね、見た目っていうか……でも、履きやすいですから。スニーカーでも履きやすいものをいろいろ探します。今一番困るのは、いいほうの健常な足が、いわゆるウオノメができたり、負担がかかるから痛いんですよ。だから、そっちの足に合う靴を探すのがすごく大変なんです。今、歩くのが結構盛んだからいろんな靴が……」

――ウォーキングをしていらっしゃるとうかがいましたが。

「そうそう。でね、スポーツメーカーの雑誌を見たら、ウォーキング・シューズで、外反母趾の人用のもいろいろあるっていうの。でも、お店で尋ねたらやっぱりちょっと違うんですよ、私みたいな足が痛いのとは。だから、そういうのって、どこに訊けばいいのかなあっていうか。今一番困っちゃうのはそういう、健常なほうの足が具合悪くなったときに気軽に相談できるようなところがないこと」

――そういう情報がどこに行けば得られるのかが分からないということですね。

「そうですね」

――悪いほうの足ではなくて、生活のうえで、いいほうの足に合わせる靴はどこに行ったらいいんだろうとか。

「そういうことです。さっき私、補装具がよくなったことと生活満足度は関係ないって言いましたけど、あのね、補装具はよくなってないんです。A製作所の社長さんが言ってるのを聞いたんですけど、ポリオの人ってだんだん人数少なくなっていくし、もう少なくなってるでしょ。だから、あんまり一生懸命力入れて研究してないんですって。材質なんかはもちろんすごく軽くなってるけれども、もう大体決まっちゃってますよね。で、前と同じような形でお願いしますっていうふうに。それに合わせて身体も……何ていうんですか、動きとかなってますでしょ。だからあんまりね、また新しいのでも、逆に最新式ので、これは軽くてこうです、っていわれても、昔ながらの重いほうが結局歩きやすかったっていうことになっちゃったりするんですね」

――身体がもうそれに慣れてきているということなんですね。

「そうなんです。だから、今心配なのは、むしろいいほうの健常の足のほうの変化。ちょっと機能が衰えたりした場合にどうすればいいのかとか。あと、身体のほかの部分で、普通の人のとは微妙に違うことありますよね、足の悪いことの影響で変化したものって。そういうのを相談できる施設とかね」

――そういうのはないんですね。

「そうです。整肢療護園行けば、こっち（悪いほうの足）は分かるけど。むしろ、そちら（いいほうの足）の変化にどうしたらいいかっていうアドバイスが欲しい。こっち（悪いほうの足）は、そういう意味では、ま、しょうがないっていうか、これはこれでいいんですから。だから、将来の情報っていうか、そういう相談をできるところが欲しいなって思いますね」

――療護園はいつ頃まで行ってらしたんですか。

「療護園にはB先生がいらして、十五年、いや、二十年ぐらい前かな。あそこに（補装具の）A製作所さんが入ってたんです。いつも同じ方が担当だったんで、そのうち、修理や作り替えはそこに直接行ってやるようになったんです。結局私の場合は補装具の問題なんですよ。補装具が上手にぴったり合えばうまく歩けるから。だからもう、直接その製作所へ何回も行って合わせたほうが早いんです。先生に見てもらうのももちろんあるけど、結構待ったりして大変でしょ。患者さん多かったりして」

――最後に医療機関に行かれたのが十五年か二十年ぐらい前。

「結婚前ですから、もう二十年はたってますね」

――それ以後はあまりご必要がなかったですか。

「そうですね、はい」

G3　周囲の態度

――では、満足度が上がったことには、町さんの障害に対する周囲の人の態度が関わっていたでしょうか。そのことについてお聞かせいただけますか。

「あのう、結婚してから上がってますから、夫とか子どもとかそうですけど……」

――お子さんのことはさっきもおっしゃってましたよね。足が不自由なのが当然として接してくれると。

「うーん、あと何だろうな。夫はね、もちろん手助けはしてくれますけれども……。ああ、そうそう、どう表現していいか分からないんですけど、たとえば、歩いていてちょっとしたでこぼこや階段があったりすると、友だちと一緒のときは普通、あ、大丈夫？ ってすっと手を貸してくれたりしますよね。うちの夫は私が〈ちょっと手を貸して〉って言わないと手を貸してくれない。で、とっとっとって行っちゃうから、〈ちょっと待って、そんな早く行けない〉って言わないと待っててくれない。冷たいとかじゃなくて、なんだろう？ だから、私も今までは〈手を貸して〉とかあまり言わないできたんだけど。最近はだんだん階段なんかも大変になったりして、〈ちょっと手貸して〉とか言うけど、やっぱりできるだけ自分でつかまるところや杖なんかで工夫してる。もちろん、今までも人に頼ってたわけじゃないけど、普通の人だとちょっと手を貸してくれたりしますよね。そういうのが割とないっていうのかな。なんでしょうね、対等に扱っているのかしらね。そこら辺は、私もまだよくわからないんですけど……」

═ご不自由だからといって特別に気を遣うということではなく、自然に接していらっしゃるっていうことなんですね。

「そうですね。だけど、私が持てないような重い荷物なんかは、黙って全部持ってくれたりするんですけど。ちょっと頑張れば自分でできることには手を貸さないのかな」

═ご主人のそういう接し方は、最初からなんですか。

「そうねえ。私も、やっぱりほら、いいとこ見せたいじゃないですか。最初、あの……」

═おつき合いを始めた頃？

「そう、おつき合いしてたときはね。だから、こう、普通にできるっていう感じでいて、助けを求めたり、ちょっと手を貸してと言ったりは、あまりしなかったんです。ま、それはそれで、自分でやるようになったり、できないことははっきりと、〈これはちょっと大変だから運んで〉と言うようになったっていうのかしらね」

═ご主人とはどうやって出会われたんですか。

「鍼灸学校の同級生なんです。向こうが大学出てからすぐに鍼灸学校の夜間部に入学して、私は三年病院に勤めてから鍼灸学校に入学して、そのときに知り合ったんですよ」

═ああ、そうですか。おつき合いが始まった最初の頃には、町さんのほうでもできるだけ自分で頑張っていらしたたし、ご主人も過度に気を遣わずにいらしたんですね。で、絶対できないところちらが言えば、快く手を貸してくださるということですか。

「そうですね、うん」

――今のご主人はもう、町さんのできること、できないことをかなり的確に分かってらっしゃる。

「はい……それと、やはりこっちが言わなきゃ分からないですね。周りの人は推測して、〈あ、大丈夫？〉とか言うでしょ。そういう姿勢が身についてるっていうか、優しいからすぐ手を貸してくれたりするでしょ。だけど、そうじゃなくって、対等にというか、必要なときは、自分からちゃんと言う。必要ないときは、いいって断る。うん、ほんとにそういう姿勢が大事。たとえば、電車に乗ったとき、私が座るには（足の装具を）カチャって外さなきゃならないから、立ったり座ったりが意外と大変なんです。一駅ぐらいだと座らないで立ってたほうが楽なんです。だけどやっぱり、私が不自由だと気がつくと、〈あ、どうぞどうぞ〉とかって言われる。ほんとはすぐ降りるからいいんだけどと思っても、断ると悪いかなって思って座ってしまったり。だからそういうときは、もうわざとドアのとこに行って後ろ向きに立っちゃったりね。何かが必要なときには自分から、〈助けて欲しい〉とか〈やって欲しい〉って言うことが必要だし、それ以外で周りの人が気を遣ってくれるのは――優しさではあるし、必要なときにはもちろんありがたいですけどね――、それ以外のときには私には必要じゃないなって。こういうことは、結婚して一緒に生活していくなか、だんだんに、お互い分かってきたことで……。子どもの場合もそうですよね。子どもが分からなかったり気づかなかったりしたときに、ちゃんとこっちが言うとか。夫も、〈お母さんできないんだから、こうやってあげなきゃだめでしょ〉とか言ってくれたりするしね。そういうやりとりのなかで私も、ちゃんと言ったり、要らなければいいからって断るようになってきたっていうことかしらね」

＝町さん自身が変わられたっていうことですか。

「そうです」

＝周りからの親切は、かえって不自由だと思うときでも、優しさからだと思うと、断りにくいこともあるんですね。

「はい」

――周りの推測が的確でなくても、町さんのほうで合わせる部分が出てくることもあった。

「そうですね」

G4　専門家の援助

――では、今までも出てきた話ですが、満足度が上がったことには、保健、福祉、医療の専門家の援助が関わっていたでしょうか。そのことについてお聞かせいただけますか。

「それはないですね、うーん」

――ない。

「うーん」

――保健、医療、福祉の専門家の援助が、そういう満足度に関わってくるというのは、一般的によく言われることですが、町さんの場合にはそれは当てはまらないというか、あまり関係がなかったということになりますか。

「うーん、保健とか医療とか……あんまり接点がなかったです」

――十五年前にはまだ療護園には行ってらしたんですか。

「そうですね、え、どこの」

――あ、この（生活満足度が）上がり始めた頃には。

「どうかな、最後ぐらいじゃないですか。結婚してから行ってないから」

――今、関わっているとすれば、それは補装具のほうでの関わりですか。

「そうです。さっきも言いましたけど、いいほうの足の具合については知りたいし、アドバイスを受けたいんだけど、療護園に行って、そこで応じてくれるものかどうかよく分からないし。もうちょっとこう手軽にっていうか、気軽に……」

――時間を待って、診療を受けてというのではなく。

「そうなんです。以前、療護園に電話して訊いたこともありますけど、やっぱり、〈まず一応こちらに来ていただいて、受診して、様子を見て〉って言われて。カルテなんかも、もう大分なって……」

前でしょ。だから、またそこから始めなきゃいけないのかなと思ったら、ちょっと気が重く

――相談先として今思いつくのは、やはり療護園ですか。

「結びつきとすればね。ほかのとこ行ってもやっぱりだめなんです。ポリオなんて若い医者はもうほとんど、全然診たことないって言われたり」

――療護園に行くのは、やはり気軽にとはいきませんか。

「大分違いますよ。向こうもきっと一から検査するだろうし、仕事休んで行かなきゃならないから。それが一番大変ですね」

――もう少し気軽に相談というのは。

「たとえば、靴なんかだと、ドイツの靴屋さんがありますよね」

――シューフィッターみたいな？

「シューフィッターみたいな。きっとああいう関係の専門家がいるんじゃないかと思うの。こっちの（悪いほうの）足はしょうがないから、これはもう補装具に合わせた靴でいいんですけど、いい健常なほうの足がちょっと変形したりした場合、補装具を履いた状態でどうバランスをとっていくのかを見てもらえるところがあればね。シューフィッターだったらリウマチで変形した足も見てもらえるとあったんで、きっと私のような足も見てもらえるんじゃないかなと思うんだけど、なかなか探せない」

══そういう必要なものを手に入れるには、どこに行ったらいいかという情報を提供してくれる場、そういうような援助が専門家からあると便利かもしれないということですね。

「そう、具体的にね。杖を選ぶのも、まず一本買って使ってみて、なんか合わないから違うのを買って、っていうのを何回かやってるの。自分で試行錯誤しながらだから、そういうアドバイスがあればいいなと思うし。それから、筋力トレーニングっていうか、今ちょっと歩いてるんだけど、ポリオのほうの足をどうにかするんじゃなくて、残された機能をね。以前はね、補装具外してもこっちの膝を押さえて家の中を歩けたんです。でも、今は結構つらくて、こう、ちょこちょこってハイハイしてます。そういう意味では、筋力も衰えてきてるので、何かそれに対応して、どういうふうにトレーニングしたらいいのかっていうアドバイスを受けたいんです。そこら辺が欲しいなと思います」

──適切なものを自分で探していくのは、とても大変なことですよね。

「高齢者の筋力アップのトレーニングとか、そんなの参考にしながらやってるけど、やっぱりなかなかね。もうちょっと合ったのがあるかなとは思っても、探すのも結構大変でしょ。出会えないっていう現状なんです」

══今まで、何か具体的に探されたことはおありですか。

「あのう、患者の、ポリオの何か会みたいなのありますよね。十年ぐらい前に新聞に載ったんですよ。切り抜きとっといて連絡とろうかな、と思いながらとらなくて。でも、つい最近また載ったので、子どもにちょっとインターネットで検索してもらったら、すごくたくさんあるんですね。いろんな活動してるんで、じゃあもうちょっと一生懸命連絡とってみたら、きっと何かがあるのかなって思ってるんです」

――同じようなご不自由を感じていらっしゃる方からだったら、もっといろんな情報が得られるかもしれないと。

「そうです」

G5　障害の受け容れ

――では、満足度が上がったことには、自分の障害を受け容れたことは関わっていたでしょうか。そのことについてお聞かせいただけますか。

「そうですねえ、障害を受け容れた……。うーん、あのう、もう物心ついたときから足が悪かったですから。だけど、そのことによって引け目っていうか……ま、感じてなかったってことはなかったですけどね。小学校の頃は、どうして自分は足が悪いんだろう、走れないんだろうってうちの親に言って、親を悲しませたりしたこともありましたけど。中学入って高校入って、やっぱりそれなりに自分でできない面はあるけれども、別のこと、たとえば、勉強のほうで頑張ろうとか。だから、足が悪いけどあの人は頑張ってるって、何かそういうふうに見られたいっていうのかしら。障害があっても全然負けないで、普通の人以上にやれるんだっていうふうに周りの人が見てる……自分はそう見られて当然なんだみたいに思ってね。それで、すごく一生懸命頑張ってきたんです。で、自分のなかではもう、障害があっても全然そんなことは引け目にはなってないって、ずーっと思ってきてたんです。大学入って就職しても、自分のなかでは、障害の問題はもう何にもマイナスにはなってないって思ってきていたんだけど、やっぱり何かそこがすごく……何ていうのかな、頑張らなくちゃっていうのが常にあってね。それでずっと過ごしてきた。で、結婚することによって、頑張らなくてもいいっていうか、肩の荷が下りたっていうのかな。一人前っていう言い方もおかしいんですけどね。……うーん、自分は障害があることを何とも思ってないから、周りの人も何とも思ってないんだろうなって結局は錯覚してたんですね。だけど、結婚したいと思って、いろんな人とおつき合いすると、やっぱり障害になっていた。自分は足が悪くても何ともないから、相手も何とも思ってないんだろうと思ってたけど、いろんなことを話していくうちに、やっぱり足が悪いということで私のことを結婚相手として思えないんじゃないかなっていうことがあったりね、いろいろあって。自分はなんとも思ってないのに、周りの人はそういう目で見てる。足が悪くても頑張ってるんだっていうか、私のことをやっぱり足が悪い人っていうふうに見てるんだなっていうのが、何かね、分かった。逆に、自分はもう克服しちゃったから何ともなかったんだけど、周りの人はそうじゃないってことが分かった。それで、ああ、そうかと思ったりして……。でも、今度は結婚して子どもが生まれてくるなかで、周りの人がそう思っても、別にそれはあたりまえなんだっていうのかしら。自分が障害を克服したって自分では思ってたけど、克服したというのは、自分でもうそのことは終わりっていうふうに考えただけであって。一生これからつき合っていかなきゃいけないんだし。ま、そういう意味でね、もう頑張らない、障害を克服するために頑張らないって。私に障害があることによって、子どもだって、そういう不自由な人に対して優しさをもてるんだしっていう。今度ね、こう、プラスに考えられるようになったっていうのかしら。障害のある人と一緒に生活するってことは、その子どもたちとか周りの人にとってもいいことなんだろうなっていうふうに、今度は逆に思えるようになったっていうのかしらね」

――最初は、障害があるけれど頑張ろうというふうに――その障害はご自分で克服はされていたけれども――感じてらして、自分ではもう片づいたことだからと思っていたんだけれども、ご結婚のことを考えたり、いろんな方とおつき合いするなかで、周りの見方はやはり違うんだと、そのときに気づかれたんですね。

「そうです」

――それから今度は、障害のあることが周りの人にプラスになることもあるというのを、出産、子育てを通して感じられたということですか。

「そうですね、うん、うん。子育てと、それから社会と関わっていく、周りの人と関わっていくなかでね。結婚する前はすごく世界が狭かったっていうか。親元から職場に通っていて、接するのもほとんど職場の人たちだけで。だから、私のいいところ、つまり、頑張ってる面だけで接していればよかった。でも、子どもが生まれたら弱いところも、できないところも、いろいろな自分を全部さらけ出して生活していくしかないですよね。そういうなかで、随分違ってきたのかしらね」

――そのときに広がったおつき合いというのは、お子さんを通してのお母様方のおつき合いや、お店のお客さん……？

「そうですねえ……。あのね、私やっぱり協調性がないんですよ。ポリオの人って――まあ、一般化はできないかもしれないけど――ずっと頑張ってきたから、なんていうんですか、ひとりでもできるっていうか、ほかの人がやらなくても私はやるっていうところがあって。で、あんまり人に頼ったり、人から援助してもらってやっていくんじゃなくて……。やっぱり、自分で頑張っていかないと、いろんなことってできなかったんですね。中学とか高校とかの体育のときだって、自分ができるものは何かって。ひとりでもやる、頑張ってやるから、みんなでわいわいっていうのは苦手なほうだったんです。それは今でもあるんですけど。だから、そういう意味で協調性がないと、うちの夫にも言われるんです。だけど、仕事を通して皆さんとお話するようになったりして、変わってきたわね。保育園と学童保育のお母さん方ともいろんなおつき合いをして、随分よかったなと思います」

G6　当事者間交流

――では、満足度が上がったことには同じ障害のある人の存在は関わっていたでしょうか。そのことについてお聞かせいただけますか。

「それはないです。接してなかったからね」

――接する機会はほとんどなかったですか。

「そうです」

――同じ障害のある人の存在が、こういう満足度に関わってくるということもよく言われますが。

「直接接してなくても、テレビとか書物でもいいんですか」

――ええ、そういうものも含めてです。

「うーん、そうですね。テレビで障害者のを見たり、本を読んだりはあるけれども……。でも、何ていうのかな、結局そういう人は、障害があっても自分で克服して今は充実した生活をしてる、っていうことでしょ。だから、触発はされるけど、私の場合は、同じ障害のある人っていうよりも、私と同じくらいの年齢で、何かをやり遂げた人の体験とか、そういうもののほうが自分にとってはプラスになるっていうか……」

――やり遂げた人。

「うん、やっている人、充実させている人っていうか、うーん」

――同じ障害があるかどうかということよりも、町さんと同年代の方、同じような生活、ライフステージの方で、いろいろな問題を抱えていたり、いろんなことをやり遂げてきた方が町さんにとってはお役に立つということですか。

「そうですね」

――学童保育や保育園のお母様方のおつき合いが、それに当たるんでしょうか。

「それともちょっと違います……。そうね、たとえば、三年ぐらい前から書道を始めたんです。その書道の先生は女性で子育てしながらずっとやってきて、今もお教室持ってやってる。そういう話を聞いて、あ、そうか、自分ももっと打ち込んでやろう、って思うようなこととかですね。うん、そういうことですね」

――先ほど少しお話に出てきた患者会などとは接点がなかったということですか。あまり必要性を感じなかった。

「あんまり必要性を感じたことはないですね。うちの親がね、何かそういう必要性はあまり感じなかったっていうか。横のつながりという意味では参加してこなかったんです。そういう人たちと結びつくよりは、普通の人のなかで育っていくようにっていうことだったんですね」

――それはご両親の方針でもあったわけですか。

「そうかもしれませんね」

――ご両親の考え方は、町さんにも引き継がれていますか。

「そうねえ……よく分からないんですけど、患者会とかではどういうことをするんですか」

――活動の目的はいろいろだと思うんですが、参加していらっしゃる方の動機も、仲間であったり情報交換であったり、それぞれなのでは……。

「私にとって仲間っていうのは……。そうですね、同じ障害のある人のほうには目が向かなかったんですね」

F1　六つのうちで最も関係したもの

――さて、生活満足度が上がられたことについて、今まで六つの質問をさせていただきました。障害の改善、ハードウェアの改善、周囲からの受け入れ、専門家の援助、本人の障害の受け容れ、同じ障害のある方との接点についてですが、この六つのなかでどの事柄が一番大事だったとお考えでしょうか。

「そうですね、本人の受け容れか、周囲の人の……。やっぱり本人による受け容れかしら」

F2　六つ以上に大事なもの

――では、今お訊きしたもの以外に、もっと大事な事柄が関わっていたでしょうか。そのことについて聞かせていただけますか。

「そうですねえ……。私の場合、結婚したこと、家族をもったことで随分変わったんで、それがまあ周囲の人のっていうか……」

――結婚したことは一番最初に出てきたお話ですし、やはり一番関わっていたということですね。お話をうかがっていると、結婚が大きく入っていますね。

「結婚してもしなくても、それはもちろんいいんですが、私にとっては結婚したことによって、こう三百六十度自分の周りが、あ、自分ってこういうふうに社会のなかで関わってきたんだなってことが、見えてきたんです。それまでは、三十ぐらいまで親と一緒に暮らしてて、給料はほとんど自分で使ってましたしね。税金のことやなんかはもう全部天引きだったんで。結婚してから、あ、そうか、税金はこういうふうにして払わなきゃいけないし、公共料金はこういうふうに払わなきゃいけないし、食事の買い物も、こういうふうにして買いに行って、自分たちで作らないといけないし、とか。結婚した当初は、子どもが生まれるまでは勤めたので。何か、へーっていうか、三百六十度、生きるっていう生活が見えてきたっていうのかしら。それまでは、もう親に依存してたしね。だから、分からなかったんですけど、ああそうかっていうことが分かってきて。あたりまえのことなのかもしれないけど、私にとってはね、分かっていなかったんですね。親にも随分世話になってきたし、周りの人にも……。結婚したとき、すごく親しかった友人が、〈彼は足の問題なんて言ってたの〉って。そんなこと彼女の口から聞くとは思ってもみなかった。〈健常な人と結婚できると思わなかったよ〉とも言ってたから、ああ、そういうふうに見てたのかと思ったりね。だから、結婚によって、ほんとにこう、いろんなことが見えてきた。だから、そこから私は出発したっていうのかしら。そういう意味ではとてもよかった」

━━そこが大きな転機だったんですね。

「そうね。だから、やらなきゃいけないことはすごくたくさんあって大変だったけどね」

A1　生活満足度という言葉について

━━この調査では「生活満足度」ということでお話しいただきましたが、最初にお話ししたように、生活満足度という言葉は定義にあいまいなところもある言葉なんですね。それで、今日町さんにお話しいただいてきたようなことを表わすのに、生活満足度よりも適切な言葉があったら教えていただきたいんですが。

「そうねえ。生活満足度って何かぴったりはしてないとは思うんですけどねえ」

━━お話の最中も一度、満足度っていうのともちょっと違うけど、っておっしゃってましたよね。

「うーん、そうねえ。充実してるっていうのとも違うし……」

━━充実とも違う。

「でも、充実のほうがまだ満足よりはね、うーん、そうねえ……。ちょっとずれるかもしれないけど、自分の生活っていうか人生を自分で考えて切り開いて、組み立てていけるようになったっていうのかしら。生活っていうか、自分の人生なんだっていうのがはっきりと分かってきたっていうのが、アップした時期なんです。障害とはあんまり関係ないかもしれないけどね。でも、障害あるって、そういう意味で依存……依存するっていうのかなあ、他人に対する依存じゃなくても、頑張る対象として自分が障害に依存してるっていうこともあるかもしれない。障害に反発して強くなるとかいうことが、常に何か自分のなかでの柱っていうか、なんだかずーっとあった。それを乗り越えられたっていうのが一つあるような気がするんですよ」

＝乗り越えたという感じですか。

「うん、今はね。もちろん障害が足を引っ張ることもあるし、これから年とって大変になることもあるんだろうけど、何かこう、常にそのことで自分を……なんていうのかしら、頑張るときにも、そこを出発点にしなくていいっていうのかな。障害を出発点にしなくてもよくなったっていう気持ちかな」

＝それが（ＶＡＳＴの）このあたりの、上がってきたところの変化ですね。

「そうです。だから、私のなかではね、障害者との横のつながりはもちたくない……もちたくないっていうか、もつ必要なかったの。そこを出発点にしたくないの。何かあったときに障害のあった人とつながるのはいいんだけど、わざわざそこの古巣に戻りたくないっていうか、そこに行きたくないんですね。だから、最初に新聞の切り抜き見たときも、どうしようかな、連絡とろうかなと思っても、何となくためらうものがあって……」

══古巣に戻ってしまう感覚というのは。

「うーん、そうねえ……。悩みはそこじゃないっていうか。もちろん、障害のことで悩んで、どうしたらいいのか、どうにか解決できないかって思うことで、障害者のつながりがあるんでしょうけど……。私にとってはそこじゃないなっていう。自分の問題はそこじゃないな、そこが問題ではないんだ、っていうのがあってね。だから、連絡とる必要はあんまり感じなかったんですよ」

──調べてこういうものがあることはわかったけれども、必要がないとどこかで感じてたから、最終的には連絡をとらなかったということなんですか。

「そうですね。このあいだ調べてみたら、旅行するときにどこの駅で何両目に乗ったら乗り換えが楽、とかあったり、こういうのは便利だなと思って。でも、障害者っていうと、すぐ車椅子の方が中心になっちゃいますよね。ポリオの人はそれともちょっと違うんで、うーん、微妙だなと思って」

══障害者っていう言葉によって一括りになってしまうけれども、車椅子だけを使う方もいるし、町さんのように、もう少し動ける方で、足のウオノメやタコ、疲れ、筋肉の衰えなどのほうが問題になっている場合もあるし、必要なものは違ってくる。

「そうですね、こう、レベルっていうか段階が違うから」

――では、私たちの質問はこれで終わりです。今日お聞きした内容は、すべて匿名で扱わせていただきますし、発表する際も町さんの身元に関する情報が漏れることのないように十分配慮いたします。最後に町さんのほうで、お訊きになりたいことや確認しておきたいことがありましたらどうぞ。

「ええと、このポリオや脊髄の障害のこういうインタビュー調査をやろうと思ったきっかけはどういうことなんですか」

――もともとは、障害のある方の身体の状態の経過や社会参加のことを中心にやっていたんですね。でも、アンケートでは訊ききれないことも出てきましたし、対象者の方からも、もう少し生の声を聞いてほしいということもありましたので。私たちのなかにも、(生活満足度が)こういう形で上がっているのがどうしてなんだろうということもありまして、やはりこれは直接お訊きしてみないと、ということになりました。生の声をお聞きしたいというのが、今回の一番の動機です。

「そうですか。あの、私が一番思うのは、さっきも医療機関とか福祉とか保健とかいろんなことおっしゃってたけど、満足度が上がったのはあんまりそれとは関係ないと思ってるんです。でも、かといって、さっきも言いましたけど、靴の問題なんかも、もうちょっと細かなところまで対応して欲しいっていうのはあるんです。医療機関に行っても、シューフィッターは参加してませんよね。そういうとこでのネットワークっていうか、医療機関だけじゃなくって、もうひとまわり広いネットワーク、つながりがあれば違うんですけどね。ただ病院に行って診てもらうっていうだけじゃなくてね」

――そういう広いネットワークのなかにあれば、病院ももう少し利用しやすいということなんでしょうか。

「そうですね。病院の靴屋さんとか補装具屋さんって、やっぱり医療の側ですからちょっと違いますよね。そこで作ってもらった靴って、何かこう、今ひとつ格好悪かったり。そうじゃなくて、普通の人が具合が悪くなったときに利用してるところがあるはずなので、そこら辺ともうちょっと結びついてやっていけるようなね。洋服なんかでも、障害者の、体の悪い人の着やすい服とかがいろいろあるけれども、でも、やっぱり格好悪い。デパートに行くと、着やすいのがもうちょっとあるんですよね。だから、そういうので何かあるといいな。医療っていう面にしちゃうと、ほんとに何か見た目が悪いっていうか……。運動とかスポーツ選手なんかの障害や痛みでも、いろいろトレーニングがあるじゃないですか。ああいうのをもっと応用できないのかしらね。スポーツ選手ってすごくいいよね。いろんなの幅広くあるでしょ。ああいうのを私たちがもっと知る機会があって、何かあそこ行けばもうちょっと筋力トレーニングとかアップができるとか。マラソンなんかでどこか痛めた場合のリハビリなんかにしても、きめ細かいですよね。きっと経験があるはずなんだから、そういうのも使えればいいし、教えてもらえればいいなと思うんです。病院のリハビリじゃなくって、スポーツ関係とのタイアップっていうか、そういう人たちと一緒にいいものができるんじゃないかな、と思ったりするんです」

――病院の整形だけではなくて、医学の中と外でもそういう情報の行き来があって、ご紹介できるところがあればということですね。

「そうですね。あと、プールには私も行ってみたいと思うんですけど、普通の地域のスポーツセンターなんかは、障害のある人はちょっと、というんでなかなか難しいでしょ。利用しにくいですよね。障害者専用のプールはあっても遠かったりするんで、気軽には利用しにくいし。そういうところがあればいいなと思うけどね」

――それでとりあえず始められるものとして、ウォーキングを始められたということなんですか。

「そうです。ウォーキング始めると、結構、補装具が壊れやすくなったりとかいろいろあるんです。で、室内でやるルームランナーってあるでしょ。あれも、こうわずかに角度がついてるんですよね。私なんかは、角度があると無理なので、平らで歩きやすいのがあるって情報があればいいなと思いますね」

――ちょっと角度ついてますよね。

「ついてますよね。ついてたほうが歩きやすいんでしょうね、普通の人は。そんなところですね」

――どうもありがとうございます。

「いいえ。何だかあんまり上手に、十分に言えなくてすみませんでした」

町さんからは、インタビューが終わってから二通のお手紙をいただきました。ご本人の了解を得て、ここに転載いたします。

インタビュー調査直後にいただいた手紙

二〇〇二年八月

先日はわざわざお越しいただき御礼申し上げます。猛暑の中、調査は大変な事と察します。

さて、あれ以来、私にとって障害とは何であったかと考えて居ります。質問に十分に答えられなかった点も多々あったと反省しています。

補足の意味も含めて、これを書いて居ます。障害は私が物心ついた時からあり、肉体と精神の成長に深く結びつき、つまり、私自身を構成する一部分でありました。障害は成長する過程で克服する対象であり、他の能力を伸ばして補うべきものでした。障害があっても他の能力を高めて、健常者と対等となると考えてきました。従って、常に努力し、頑張ってきたのです。しかし、何か問題があると、「障害があるからだ、障害がなかったらなあ」と、逃

げる口実にしてきたこともたしかです。

私の「満足度」が結婚によって上昇したのは、それまでの人生で障害を克服したと思っていた事は、他の面で補って、覆いかくしていたのだと自覚したことから始まります。障害のある、欠けている能力があるという現実、現状から出発し、障害者としての自分をそのまま素直に出せるようになったのです。育児、子どもの成長を通して、障害があったからだとひがんでいた点も、健常な子どもも同じように悩み、コンプレックスにおちいって居り、障害の有無には関係ないということが分かってきました。そして、障害ということから自由になった、解放されたその結果、満足度が上昇してきたのだと思います。

書きながら、自分の中で整理しきれて居らず、きっとうまく伝わらないというもどかしさもありますが、参考にして下されば幸いです。

二〇〇三年四月

インタビューから九カ月後、調査報告書をお送りした後にいただいた手紙

初夏のような日がきたと思ったら、次の日は肌寒かったりと、衣服の調節が微妙なこの頃ですが、お元気でお過ごしでしょうか。

去年、いろいろとお話を聞いていただいてから、九カ月以上もたってしまいました。早い

ものですね。

私はあれから更年期と筋力の低下で、いわゆる元気がない状態になってしまいました。更年期にともなう節々のいたみ、しびれなどと同時に、健足の方に使いすぎによる筋肉のつかれが目立つようになったのです。つまり、歩行時も杖を使用しないと不安定になったり、足底の痛みなどがあります。

これまでは、健足の筋肉をきたえることでマヒした足を補っていけばよかったのですが、最近は、そういうわけにはいかなくなりました。一般の人のトレーニング方法ではダメだということです。なにかよい情報はないかと思い、ポリオの会の会員になりました。

ポストポリオの問題で、もう意識しなくなっていたポリオという言葉を、また考えなくてはいけなくなりました。ポリオと新たにまた向かい合わなくてはならないようです。しかし、子どもの頃から青年期に大きく立ちはだかり、乗りこえなくてはいけない壁としてのポリオではなく、自分の身体の一部であり、共に生きてきたポリオと、どうこれからつきあっていくかという問題だと思っています。来週、足底板をつくってくれる装具屋さんに行きます。よいアドバイスを期待しているのですが。

お会いした時からの心境の変化、ポリオに対する変化など、とりとめもなく書いてしまいました。

どうぞ研究に励み、活躍されることを期待しています。

ケースC　（池田　昌美）

年　齢　　五十三歳
性　別　　男性
職　業　　自営業
同居家族　本人、弟の二人家族
障　害　　十九歳のときに職場で脊髄損傷（損傷高位は第一腰椎）
　　　　　両下肢麻痺
インタビュアー　メイン・インタビュアー（――熊倉）
　　　　　　　　サブ・インタビュアー（――井原）
実施日　　二〇〇二年八月
場　所　　障害者総合スポーツセンター内　録音室

社会参加調査の五つのVASTを次頁に示す（図1-12〜図1-16）。

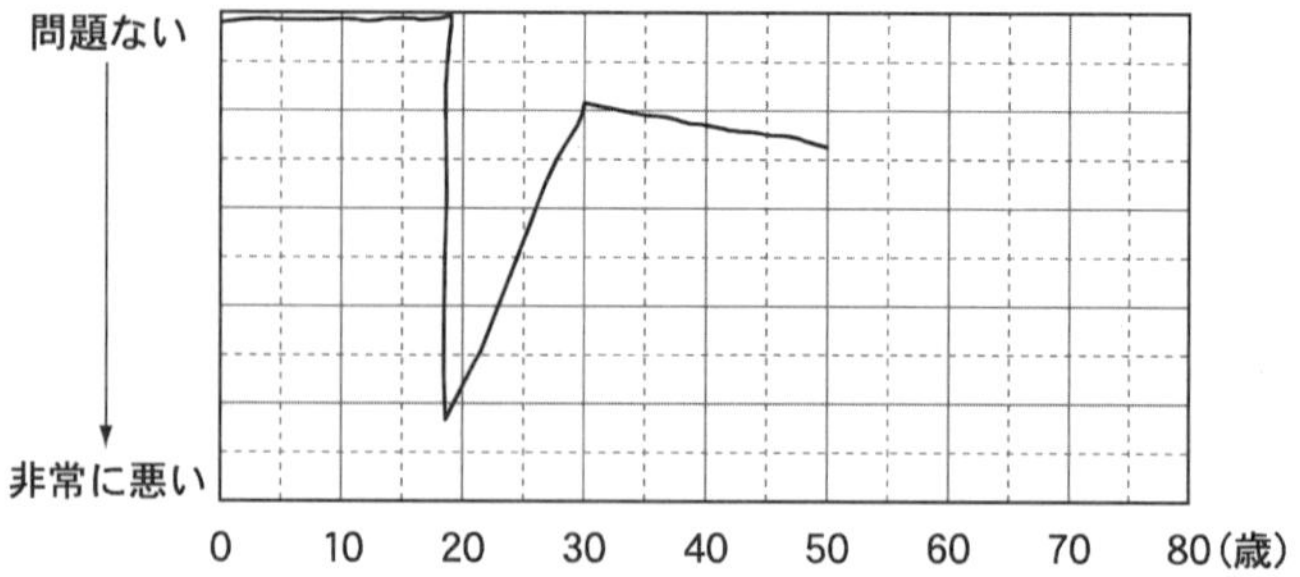

図 1-12　ケースＣ：身体の状態の経過

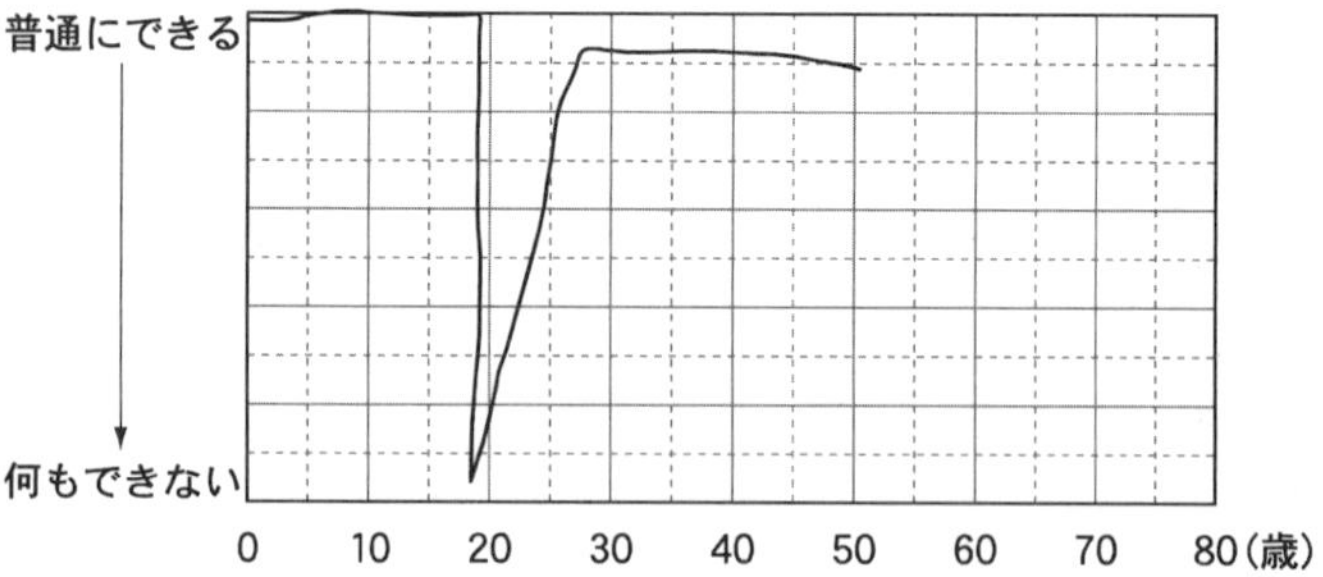

図 1-13　ケースＣ：活動状況の経過

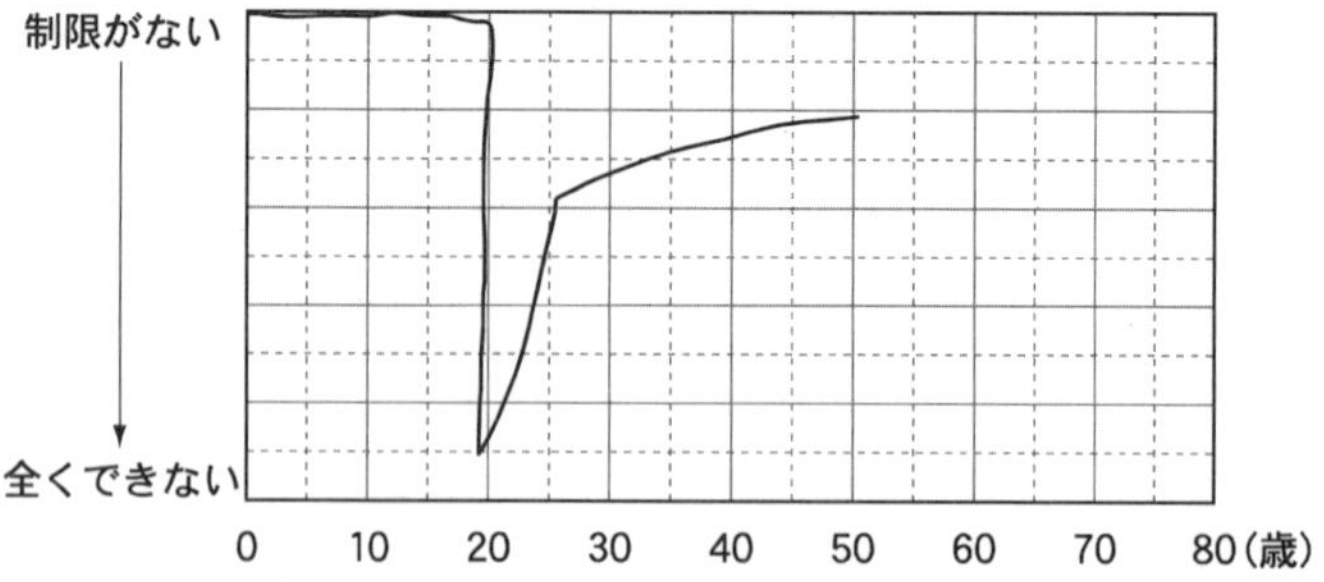

図 1-14　ケースＣ：社会参加状況の経過

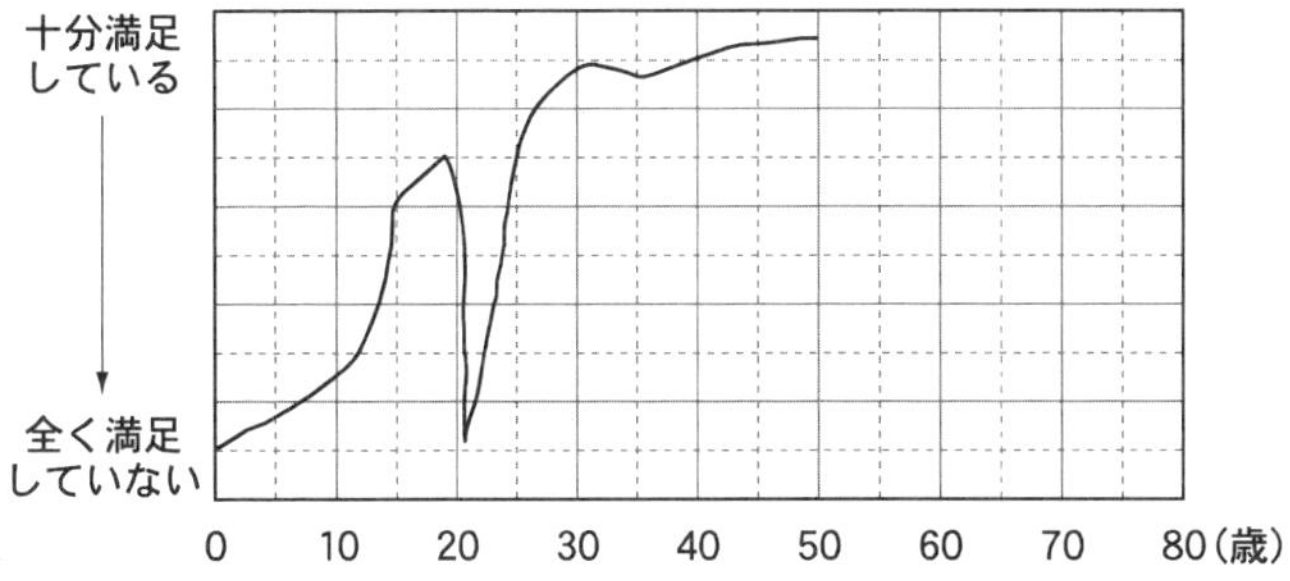

図 1-15　ケースC：社会参加満足度の経過

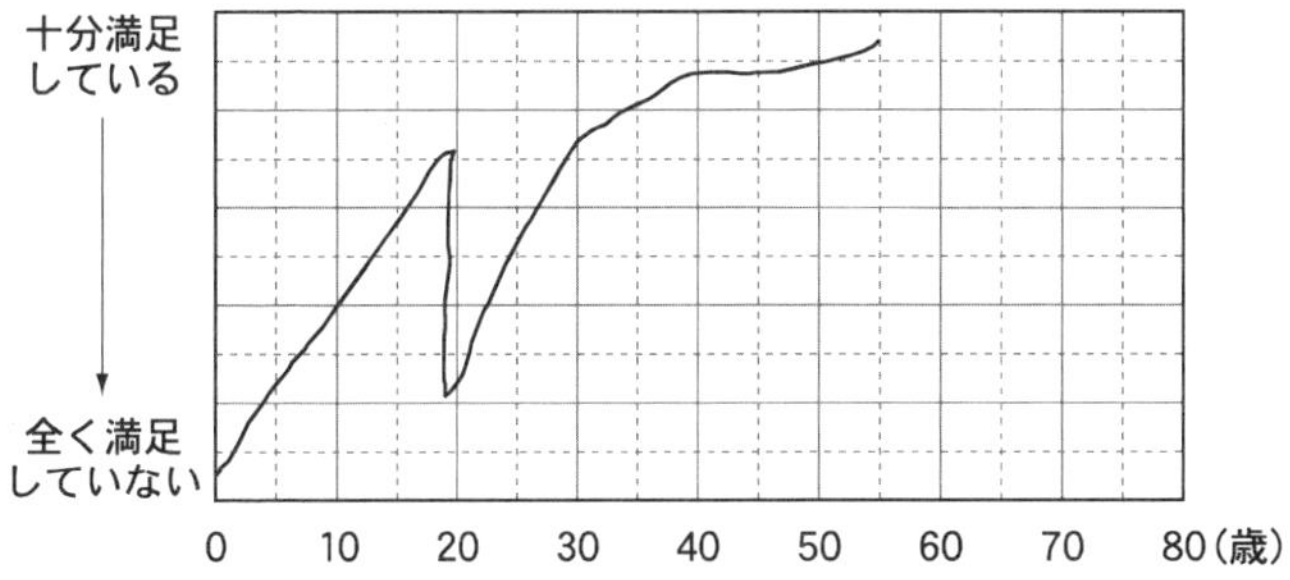

図 1-16　ケースC：生活満足度の経過

導　入

――今日はいろいろと具体的にお伺いしたいことを用意してきたので、よろしくお願いいたします。

「今日の質問のなかには、バリアフリーのこととかも相当あるんですか」

――それも含まれますが、もっと全般にわたっています。

「私が途中でケガして、今のような状態になってきたということも関係あるんですか」

――全部関係あります。

「リハビリとか社会復帰の

こととか、そういうことも全部ですか」

――池田さんが生活満足度という言葉から感じられることすべてです。ただし、特別に何か定義するということではなく、その言葉から、どういうことを考えるか、感じるかということを、そのまま伺いたいということです。ええと、まず、お年は今五十三歳ですか。

「五十三です。もうすぐ五十四になると思いますね」

――ああ、そうですか。

「たぶん。十月生まれですので」

――十月生まれですか。僕も十月ですけど、僕は十月で六十ですよ。見かけは若いと言われます。

「本当にそうは見えませんね」

――今日はご自宅からどうやっていらしたんですか。

「えーと、自家用車です」

――自分で運転されて。

「そうです、それで」

――今、同居の方はお一人と書いていただいていますが（障害基礎調査のアンケートより）。

「そうです。今、うーんと、居候の弟がいます」

――弟さんと二人で住んでいらっしゃる。

「うん。弟が今ひとり者で、失業中でうろうろしてたんだけど、ようやく仕事見つかって、うちから通ってるっつう形で。私がそれまでひとり暮らししてたもんでね。まあ、ひとり暮らしっつうのも……うーんと、女房がいたの、三年前までは。女房が癌で亡くなったのが、ちょうど三年前ですから」

――ああ、そうですか。

「うん。だからそういうことがあってね、私の言ってることがあんまり一般論として当てはまらないというか。でも、女房を亡くしたことによって、別にその、普通思うような具合に極端にドカンと落ちるとか、まあ、満足度のグラフでいくと、ケガしたときみたいに落ちるとか、そういうことじゃなかったんですがね。やっぱり、十九でケガしたときは落ちてはいたかもしれない」

――そうですね。グラフでもそうなってますね。

「その、三年前に女房を亡くしたときは、癌だったんで六年ぐらいかかってるんですけどね。だから、別に突然のことじゃなかったんで」

――ああ。

「まあ、突然じゃなかったことが、結構関係あるんじゃないでしょうか、自分としてはね。ある意味、変な話だけども、うちの家族、両親――両親といっても親父はもう亡くなってるけども――、それから兄弟とか、向こうの女房の家族なんかからも、(私が落ち込まないということを）ちょっと違った目では見られてはいたんですけどね」

――この調査の段階（生活満足度のVASTを描いていただいたとき）では、奥様はもう亡くなって……？

「いつだったんですか、このアンケート調査は。何年ですか」

――二年ぐらい前。

「二年ぐらい前……。そうですね」

――じゃ、亡くなった直後に書いていただいた……。

「そうですね、一年経っていたか……」

――調査日は平成十一年の十一月でした。

――三年前だ。十一年十二月……？

「十二月ですか。うちの女房、亡くなったのは十一月です。だから一カ月後ぐらいだったんじゃないかな。（生活満足度が上がったのは）ひどいんじゃないかな。ほんと、今、記録で出てくると申し訳ないみたいですが。十一月二十三日だったからね」

――じゃ、そのちょっと前のことかもしれません。調査の締め切りが平成十一年十一月ですから。

「でもやっぱり病院にいる時点で描いてるから、同じことですよ」

――ああ、そうですか。……よろしかったら飲み物をどうぞ。

「あ、どうもすみません。いただきます」

——では、まず、受傷されたのがおいくつのときでしたっけ。

「十九のときです」

G1　障害の状態

——十九歳で。その後二十歳前後で、割と早めに生活満足度が上がっていて、また最近も高く描いていらっしゃいますよね。この、満足度が上がるということについて、池田さんのご経験から具体的なお話を伺おうと思います。まず最初に、満足度が上がったことには、池田さんの障害の状態が変化したことが関わっていたでしょうか。そのことについて聞かせていただけますか。

「えーと、あの、私はケガしてこういう状態になったのは、最初からこういう状態だったので、特別変わってません」

——障害は変わらないんですね。

「変わらないです」

G2　ハードウェアの改善

——では次に、ハードウェアの改善についてお訊きします。満足度が上がったことには装具の改善や住まい、社会の設備の改善などが関わっていたでしょうか。

「それは大きいと思います」

――大きいですか。

「はい」

――具体的な話では。

「えーと、まず車の免許を取れたことですかね」

――障害の後から取られたんですか。

「そうです。健康な頃は十九だったので、まだ免許証は取れていなかったです。それから……。そうですね、その突然落ちたというのはね、ケガして落ちたというのは、私が行き場所がないような。あの、社会復帰とか、昭和四十二年ですので、その当時ですと……。障害者に対しての見方は、それまでの、十九までに自分が受けてきた教育の影響が強い。これはこのごろ分かったことなんですけども。あの、障害は、足場から落ちてケガしたんですけども」

――ああ、そうですか。

「ええ。で、もう両足がきかない。医者に、〈まあ、車椅子ですよ〉と言われて、一生車椅子だと言われて。で、その当時ですと、大体病院で過ごすのがほとんどだったわけ、私たちの仲間はね。で、病院の中で大体十年ぐらいじゃないかなって言われてるような状況だったんですよね」

——今、十年ぐらいと言われたんですけども。そうすると病院の設備等々の改善ということで、実際にはもっと早く出られたんですか。

「いや、三年かかった。病院を出るのには二年半かかってますね」

——二年半かかってる。

「ええ。リハビリの施設、設備のないような病院だったし。それから、まあ、転院もしてますけどね。同じ病院には長くいられなかったんで、リハビリのあるところへ移ったり」

——その移った病院での、リハビリの設備は。

「よかったですね、その当時としては。今ではもうそれは貧弱なものですけども、その当時としては。リハビリの病院が次々できてる時代でしたので」

——そうすると、そのリハビリの病院、専門病院に移ったというところも大きかったんですね。

「大きいです。当然そうです」

——じゃ車の免許と……。

「車の免許はもう少し、もっとずっと後なんですけど」

——後なんですね。で、自由になったこと、それからリハビリの病院に移ったこと。ほかに何か、装具や、社会の設備、あるいは住まいに関してでは。

「うーんと、あとは病院出て、その後は今度、自宅へ帰るっていうのは全然想像つかなかったですね。うちは田舎で遠いんですけども、ケガしたのは東京で、そして病院も東京で、リハビリも近くでやってます。まあ、周りの障害者の方は、その当時は自宅へ帰れなかったですよね。だから、施設廻りというか、あっちの施設、どっか収容してくれる施設を探すようなま。まあ、そういう、精神的にはすごいみじめな形だったんですよね」

——もう帰れないって。

「帰れないです。だからってアパート借りてひとり暮らしとか、そういうのは全然考えられなかったですよね。今はしてるのにね。今はもうできるようになったんですけども」

——当時がそういう……。

「世の中でした」

G3　周囲の態度

——では次に、満足度が上がったことに関して、池田さんの障害に対する周囲の人の態度が関係しているでしょうか。周りの人の接し方があなたの満足度に影響しているでしょうか。そのことについてはいかがですか。

「えー、その当時はあんまりそういうふうに思っていなかったんですけどね。今もどうでしょうかね。うーん、まあ、現在の私がひとり暮らしでも、こうなってもやってられるっつうのは、やっぱり同じ障害の人で、もう自分の兄貴のような、今でもそういうふうにつき合っている友達は一人いて。それから、同じ年で同じ境遇の信頼できる友達とか」

——友達ができてから。

「うん。これは、その当時、その時点ではちゃんと分かってなかったんですけども、まあ、その人にいろんなこと、いいこと悪いことを教わっているし、だからすごく、いい人にめぐり会えたっつうか」

——そういう意味で、当事者の方同士のおつき合いと、あと、当事者以外の人では何かありますか。

「当事者以外では、まあ、自分の弟ぐらいですかね。強いて言えばそうです」

——強いて言えばというのは。

「私のすぐ下の弟で、まあ、こいつは理屈っぽくて、それから、まあ、宗教も少しやっているやつなんで、そういう面で、そういうところの意見の闘わせっつうのが結構あって。私のほうも、今のようになってこれる土台にはなった」

——宗教的な影響は。

「それは全然ないです。全然ないんですけども、まあ、そういう理屈っぽいっつうとこが」

——生き方とかって、そういうことですか。

「そうそう。そういう話にいくとものすごい突っ込んで、一晩でも話してるような」

——そうですか。

「だから弟ですね。兄弟はもう六人いますけども、特に、すぐ下の弟がやっぱり私には……」

——一緒に住んでおられる弟さんですか。

「いや、違います」

——そうですか。分かりました。ほかには……。

G4　専門家の援助

「まあ、あとは、そりゃ行った先々で、先生とか看護婦さんとか、それはあったかもしれないですけれども。私は三十五年になりますから、ケガしてね。そのなかで残ってるっつうというのはおかしいけども、いつでもいろんな人の世話にはなってることは事実です」

——分かりました。そうするとですね、生活満足度が上がったことには、今言われた、保健や福祉、医療の専門家の援助は……。

「世話になってますけど……。こういうことを言うと、かえって今までお世話になった先生方に申し訳ないけど、あまり病院の先生とか、それから相談員とかには……」

——相談員？

「うん。病院の、社会復帰の相談員ですよね。社会復帰相談員とか、その当時ありましたけども。うーん、あとは福祉事務所ですか。そういうところの窓口の人たちとかではなかなか……ありきたりの、通り一遍の、うーん、本に書いてあるとおりの対応しかしてもらってなかったような気がするんですけど」

――たとえば。

「そうですね……。あの、結局、社会復帰について具体的に、アパートならこうやって借りられるとか、それから……。まあ、私、人を頼ってたのかもしれないけども、あの、施設、病院、施設と、通算で大体十年ぐらい上げ膳据え膳で、それで寮とかそういうところにずっといるわけですよね。病院だったら病院の中だけで。で、社会復帰っていうか、自分でお米買ってきて、ご飯といで、炊いて食うとか、自分の布団を上げ下げしたり、洗濯するとか、そういう……まあ、洗濯は寮だったらするけども、そういうことっつうのは全然してなかったんですよね。だから、そういう面がすごく怖かったですよね。お米どうやって買ったらいいのかとかさ。十九でケガしてるからね」

――施設ではそういうことは。

「ない。全然必要ないもの。食堂ついてるからね」

――そういう訓練みたいのは、何にもなかったということですか。

「いや、そういう訓練は今でもしづらいんじゃないですか、具体的には」

――ああ、そうか。やっぱりその場でやらないと。

「その場っつうか、現実性がないですもんね」

――現実性がない、というのはどういうことでしょうか。

「うーんと、あの、まあ、多分この施設（障害者総合スポーツ施設）にも、たぶんあるかもしれないですけどね、そういう生活訓練とか何か。そういう病院とか施設では、あるにはあるんですよね。でもそれはもう本当に本に書いてあるような、おざなりな、あの、全然実生活に即応してないような形の訓練ですよね、たぶん」

――住んでる場所でやらないとだめだとかいうことですかね。

「それから、やっぱり時代の流れであって、その当時は家の中は段があったりするのはあたりまえだし、アパートでは貸してくんないのはあたりまえだったしね。だから、そういうのを乗り越えるのにやっぱりすごいこう……その当時は本当に怖かったですよね。施設から今度、一般社会に出るっつうことがね。今は大丈夫だけど」

――社会に出ることが怖かった。

「出ることがね。だから、なかなか出られないんですよ、その当時は。リハビリテーション病院にいたんですけどね、そこは五十人ぐらい、男子ばかりの集団で。その当時、一緒に入ってた人たちなんか、まだいる人もいるし。出た人は半分ぐらい。出られないですよ、なかなか」

――あなたが過ごされたのは、バリアフリーになろうとする時代……？

「バリアだらけの時代から、こう、ずっと変遷して。だから、そのグラフもね、今、バリアフリーになってきたといっても、そんなに極端にぐーっとよくなっているんじゃない。やっぱり私は、そのなかに、こう、ちょうど生きていたと思うんですね。高度成長、世の中の高度成長とね。その前の人たちは、昭和二十年代、三十年代の脊損の人たちっつうのはものすごいね、病院でほとんど死亡してるんですね。その当時は、私たちの先輩はどっちかというと傷痍軍人とかね。私は傷痍軍人の人と直接、部屋一緒になったりとかそういうことはないけど、私の先輩の人たちは箱根療養所とか、関東なら関東労災とか、そういうところに行けば、傷痍軍人の人と同じ部屋にいて、同じ脊損同士、病室でいろんなことを教わったり」

――ああ、なるほど。そういうなかだから、自分も社会に出るなんて、最初は全然考えられないような時代。

「そういう時代ですよ。昭和四十二年っていうのは。だけどもう変わってきてる時代ですね」

――変わりつつあった。

「一気にこう、社会復帰とかが始まってきてるような、高度成長の時代でね。だから、私はちょうどいいときにケガをしたのかな、どうなのか……そこら辺はよく分かんないんだけど」

――病院の先生や相談員というのは、直接には援助が役に立ったという感じはあまりない。

「ほんと、そうですね」

――住まいや社会の設備など、いろいろなバリアフリーのほうが関わっていた。

「そうですね。社会全体の変化ですよね」

――社会全体の変化として、周りの人からの受け入れに関しては、変化は感じますか。

「ものすごい感じました」

――変わってますか。

「変わってます」

――どんなふうに。

「えーと、好奇な目で見られるとか、このお店に入りたいといったとき、断られることはほとんどないですね。まあ、こっちのやり方もあるだろうけども。あの、段があるとか、階段があって上がれないと分かってれば、そこは行かないですからね。事前にいろんな情報は集めて、自分でも動き出してるので、あの店には行けないというような、行けない店に行って文句言ったり揉めたりするようではないんでね」

――以前は、揉めたり最初から断られたりっていうことが結構あったんですか。

「うーん。だから先輩、私より前の人たちは、結構そういうことをやってるらしいし、まあ、今でもあちこちで聞くんですけどね。でもそれは、何ていうかな、障害者のほうもやっぱりむちゃなことを言って、それはトラブルになっているんじゃないかなって、おれなんかは少し思う」

――入れないところに入らせてって……。

「そこまで行って、何をしてるのかなという感じだね。だけど、まあ、いろいろ社会を変えていくためにはいろんな人がいろんな運動をしてますよね。私はあまりそういうのは好まないんで」

——ああ、あえてそうやる人もいるんですね。

「います。やっぱり、社会、バリアフリーのことで先駆的に動く人がいるから、ある程度先に進むんで、いいやいいやでいってると、進まないものはほとんど進まないんですよね」

——分かりました。

「でも、私がそういうことをする必要はない。する必要というか、そういうあれはないですけどね」

G5　障害の受け容れ

——それでは次に、満足度が上がったことには、自分の障害を受け容れたことが関わってますか。

「うん、それが一番でかいと思います」

——これが一番大きいですか。

「そうです」

——それを具体的に説明していただけますか。

「いや、でもね、具体的にはちょっと言いづらいと思うんですよね。何でかっつうと、今日ここから受け容れましたっつうわけじゃないので」

――そうですねえ。

「もうだいたい三十五年かかって、今まで、今日までね、かかって受け容れてるみたいなところがあるんで。まあ、そんなことはないですけどね。まあ、こういう気持ちになってるのはもう……。でもどっからというのはちょっと難しいんですよね」

――こういう気持ちというのを説明してもらえますか。それは、あなたにとってはあたりまえのことかもしれないですけれども、結構僕たちには分からない、誤解したりする面もあるのではないかと思うので。

「一番思ったのは、先ほどもちょっと言ったんですけども、私、十九でケガして、で、その前までは、まあ、障害者に対して偏見があったじゃないかって、自分の自己反省みたいなのが……どうなんでしょうかね。何年前まであったんだか知らないし、このごろじゃないけども。でも、最初からそういうふうに思ってたわけじゃないです。周りから奇異な目で見られるとか。必ず、まあ大体は見られますよね、町の中歩いていると。だけど、十九でケガする前は、自分も見るほうの立場にいたわけですよね」

――そうですね。

「そういうふうな自己分析ができた。できてきて変わったような気がするんですよね。車椅子に乗るの、ものすごい抵抗したんです、私」

――最初？

「最初は。それっていうのは、だって、松葉杖歩行の訓練っつうのはあるんです、装具つけて。一～二年目のころはそれをやってますから、実際。それで田舎の実家まで電車でわざわざ帰ってってね」

――あの、杖でも歩行できるんですか。

「いや、でも歩行できるっていったって、とんでもないですよね。こう、両足を固めてしまって、それで引きずるような形で歩くんで、松葉杖で。それでも何か、その、自分はそっちのほうにしたいっつうか、車椅子に乗るの抵抗してたというか。なんで車椅子に抵抗したのか、オレにはその当時のことはよく分かんないですけども。でも、今考えると、やっぱり障害者に対しての、その、偏見っつうのは自分自身にあるわけですよね」

――ええ、そうですね。

G6　当事者間交流

「だから、そこら辺が分かったときっつうのは、まあ、先ほど言った、弟なんかとの話し合いとか、それから、同じくらいの年で私と同じような境遇の人とか、長いこと病院にいた先輩とか、そういう人と遭遇して、そういうのでものすごい変わってきてるんですよね」

――障害者に対する偏見が自分にあったなと思ったときに、気持ちがどんなふうに変わるんですか。

「それが受け容れるというか、あの、受け容れるっつうことになるんじゃないですかね。だから、その、自分のこの形ね、障害に抵抗しているうちは、やっぱり先に進めないような。だけどそんなに極端にぱっとね、明日から変わったっつうわけじゃないんだよね」

――ああ、具体的には、車椅子に抵抗してる間なんですね。

「そうです。乗るのが嫌だったとか。それから、まあ、車椅子に乗ってても、現状でもね、私、ほかの人を見てても、それからこのごろケガする人とかを見てても、やっぱり家から出たくないとか、人前に出たくないとか。実際、私もそうでしたですけどね。田舎に行っても、やっぱり知ってる人に会うのがちょっと嫌だったりするんですよ。昔からの友達とか同級生とか、健康な頃を知ってるおばちゃんなんかに会うと泣かれちゃうんですよね、道路でね。やんちゃだったのがこんな体になってとかって、また泣かれる。それを言われても困っちゃうんだけどね。そういうのも嫌だったしね。だから、私としては田舎で暮らすことはあんまり望んでなかったですよね。行くとこなかったですけどね。本当は実家へ帰るのが一番無難なんだけども、結局一回も、田舎で暮らすことは考えたことはなかったし。やっぱり都会というか、こういう町のなかで暮らせるほうが案外と気持ちが楽ですね、ほとんど知らない人ばっかりなので。都会のほうが楽といえば楽ですね。私は今、地方都市の隣町に住んでるんですけども、そこですとやっぱり、車椅子で通ってると、遠くで田んぼや畑で仕事をしてても、腰上げて見てますからね」

――障害を受けられる前の知り合いと会って、気まずかったりという話が今出てきましたけど、障害の前後で、つき合いの範囲は変わりますか。

「えーと、私は建設現場作業員だったんでね。その当時、東京に集団就職して、四年ぐらいでケガしたわけですからね。だから、四年間ぐらいじゃ大した友達もいなかったし。その当時の仕事関係、私のケガする前のその四年間の人たちは、まあ、現在は一人もつき合っている人はいないよね。つき合うというか、そういう関係にはなってなかった」

――もともとつき合う関係になってない、まだなる前の年齢だったんですね。

「なる前の状況だったたです。そうです」

――そういう意味では、障害を受けてからのつき合いが、自然に中心になってきている。

「全部中心。それから、あとひとつは田舎のほう。今度も明日、明後日と田舎へ帰るんですけども、これは同級会で、昔の人たちに会うという」

――中学の？

「中学校の頃のね。友達と飲み会で一泊で。そういうのには参加できるようになってきましたね」

――そういう場所に行くとどうですか。

「うーんと、みんなそのまんまに対応してくれる。まあ、私が何度か行って、みんなところいうふうに……。だから昔のオレ、歩いている頃のオレも知ってるし。田舎は随時そういう形ですよね。こちらでつくってる友達とか知り合いは全部、車椅子のオレしか知らない人がほとんどですね、兄弟以外は」

――そうですか。中学の友達と会ったときには、もう自然に中学時代に戻っちゃう感じですか。

「そうですね。戻れるけども、行けないとこもあるしね」

――ああ、そうですね。

「普段、毎日一緒にいて、始終会ったりなんかしていればもっと違うんだろうけども、年に一回とか二年に一回ぐらいしか会えないんでね。でも、もうみんなもそんな嫌がらずに自然に接してくれるんで、それはうれしいですよね、私にとってはね」

――それはそうですね。では、そういう意味では、障害の前のお友達とのつき合いも続いてるんですね。

「ないわけじゃないです」

――こちらで障害を受けて、その後もこちらで生活してるから、どうしてもこちらでの……。

「そうですね。同じ境遇の人しかほとんどいない状況です」

――それは自然にそうなっちゃいますよね。

「そうですよね。だから、その点では結構楽といえば楽。どうなんでしょうかね、分かんないですけど」

F1　六つのうちで最も関係したもの

――当事者の間のつき合いが、今は非常に大事だというお話を伺いました。そうすると、今までお訊きしたなかで、池田さんの生活満足度が上がったことについては、どのことが一番大事だったとお考えでしょうか。そのことについて話していただけますか。今まで伺ったことは、ひとつは障害が改善したからということですが、これはあんまりないということですね。それから、ハードウェア、バリアフリーになったことが大きく大事だったということと、周囲の受け入れや態度は社会全体として大きく変わったということと、あと、専門家の援助はあんまり関係なかったようだということ、本人による障害の受け容れは大きかったということでしょうか。

「受け容れが結構大きいですね」

――あと、当事者間のつき合いが大きかったと。その六つの話は大体出たんですけれども、あなたの生活満足度が上がったことに関して、そのなかで一番大事だったと思われるのはどういうことでしょうかね、あえて選ぶとすると。

「私はやっぱり、友達、先輩ですかね」

――障害の？

「同じ障害の。そうです」

——どんなふうに影響されていますか。

「えーと、車椅子バスケットボール、これに会えたのは先輩のおかげだしね。その先輩のおかげでここまで来てるというか。あの、バスケットボールという一つのものが、私の生き方をすごい左右してます」

——バスケットボールに出会われたのはいつ頃ですか。

「ちょうどケガしてあれだから、二十四、五。二十五ぐらいですね」

——二十四、五歳で。そのとき、先輩の方もやはり同じようにバスケットをされていた。

「そうです。まだバスケットボールも創設当時で。これはもう三十年以上たつ組織だからね、その当時はチーム、全国でも十チームとか十六チームとか、そういう時代でしたので。で、選手も、まあ、百人とか二百人。今はその十倍ぐらいになってる、まあ、千人ぐらいいるらしいけども。私はいい先輩に会えたし、その先輩からそのバスケットっつうのを勧められた。あんまりよく分かんなかったんですけども、ただ一緒について歩いていましたね」

——いい先輩っていうのは、どんなところがよかったんでしょうか。

「やっぱり厳しいし、あと、生き方もやっぱり。きれいごとで言うと、まあ、尊敬できるっていうんだろうけども、そういうことじゃないかな。今はちゃんとね、そういうふうに言えますけど、その当時は必ずしもそう思ってなかったかもしれないですけどね」

——それは障害を持ってる方で、あなたが納得いくような、尊敬できるような方に会えたっていう体験だったんですか。

「うーん、これもまた、その、ただパッとできるもんじゃなくてね。やっぱり時間かかってますね」

――その先輩と。

「そうです。コミュニケーションというか、信頼関係をとれるまでは。まあ、バスケットが好きでついていってたところもあるし、その先輩に無理やり引っ張られていったところもあるかもしれないですけども。今だから言えるんですけどね」

――当時、車椅子を拒否する気持ちはまだあったんですか。

「いや、ない、もうないです」

――もうなくなっていた。

「なくなっています」

――この先輩と会ったことが、そういう変化になったんですか。

「もう、そういう気持ちはなくて。それはまた、もう、そういう車椅子だっつうのはあきらめてっつうか。あきらめてるっつうのはおかしいけど、まあ、そういうふうな、あの、生き方の流れですか、そのなかにあったことなのでね」

――では、今のお話だと、車椅子を受け容れたというのは、もうこの二十四、五歳以前にある程度は……。

「そうですね」

——割と早かったんですね。

「うーん、でも、どうなんでしょうかね。今の人はもっと早いですよ。実際問題、二、三カ月で病院退院しますしね。それから社会復帰もみんなしますし、早いですよね」

——早いっていうのは気持ちの……何ていうんでしょう、車椅子を受け容れる気持ちが？

「納得するっつうか」

——そういう気持ちになるのが、今の人……。

「のほうが早いです」

——気持ちの切り替えが早いんですか。

「何でかっつうと、情報がそれだけありますので、事前に。私も十九までに車椅子を見たことあったり、車椅子の人とこうやって話すことがあったり、そういうことがあればもう少し違っていたと思うんです」

——ああ、じゃ、最近障害を受けた方は、最初からすでに……。

「十分ですものね、情報がね。テレビを見るとかで……」

——すでに偏見みたいなのはなくなった、ないとは言わないけど……？

「ないですよ、ほとんど」

——最初からないような風潮。

「今はね」

――ああ、そうですか。

「昔は、だって、こうやって足がきかなくなれば、車椅子っていうよりも、家の隅で寝てるのかなっていうイメージがすぐ頭に浮かんだですもん」

――ああ、そうですか。

「今はみんな、こう、社会で、免許証持っているのがあたりまえだし、ねえ。それから仕事についている人もいっぱいいるし。その当時は社会復帰、車の免許、仕事につくなんていうのは考えられなかったですもん。何か辛うじて生き延びてればいいみたいな、病院の隅で。で、病院にいられなくなれば、たぶん家の隅のほうで寝てるのかなとか。社会にこんなに出てるとは思わなかったですよね。思えなかった、私の場合はね」

――でも、池田さんは今、仕事もされているんですよね。

「今はね、あの、仕事は失業……失業じゃなくて、まあ、独立してるっていえば格好いいけども、自営でやってんですよね。三年前までは会社に勤めてたんですがね、そこのリストラに遭ったというか」

――ああ、このとき（障害基礎調査のアンケートに答えていただいたとき）とは違うんですか。

「このときは、勤めてました」

――ああ、そうですか。

「そのときは勤めてたけど、それ以後、オレたちの勤めてる工場の生産性がよくないっていうんで閉鎖されたもんで、リストラに遭っちゃった形なんですけど」

――生活満足度に、仕事などの影響は。

「あります」

――どのぐらい関わっているでしょうか。まず第一に関わっている事柄としては、友達が挙がっていましたが。

「うーんと、私が十九でケガして、一番欲しかったものが、結局、社会復帰というか。それから仕事ですか。社会復帰。ただ（病院・施設から）出る、出て社会で暮らせればいいっつうんじゃなくて、やっぱり仕事してること、お金はそんないっぱいもらえなくても、仕事につくことが何か理想みたいだったです。その、若い頃はね。まあ、私は年金暮らしですから、本当は私と同じような人はいっぱいいますよね。それを見てて、それで生きていけるからね、それでいいだろうって思えれば思えるんですよね。生活成り立つから。もらってる年金で、ぎりぎりね。だけど、私はお金をもっと欲しいっつうのもあったかもしれないけど、お金よりも見栄……見栄みたいなもので。世間や人に対して、友達に対しても、あと、田舎に帰って同級生と会うときでも。それから、私がバスケットを教わっているその先輩なんかもみんな、バスケットをやってる人に限ってみんな勤めてるんですよね。ぶらぶら遊んでる人もいっぱいいますよ。私はどっちになるのかといえば、やっぱり何かその、勤めてるほうが格好いいみたいな、そういうイメージがあったんですよ。今でも、今はもうほとんど、リストラに遭っちゃってからね、もう、人に使われるのはもう嫌だというようになっててね。で、自営で、半分ぐらいボランティア感覚で、まあ一応、従業員に払う時給分はとらなきゃいけないんで、四、五人だけで、今やってるんですけども」

――ああ、そうですか。じゃ経営者なんですね。

「経営っつうほどの代物でもないですが。そういう仕事、社会に関係してるっつうことが結構、その、望みだと」

――社会に関係しているっていうことなんですね。

「社会と離れた形でただ生きてるというのは、あの、暮らしてはいけるだろうけども……。別にそれは、パチンコ三昧でずっと終わってもいいし、借金しないで自分の金でやってるんだからいいわね。パチンコして暮らしたって別に誰も文句言う筋合いはないと思うんですよ。私は大体、そういう友達もいっぱい見て、知ってるからね。全然それは悪いことじゃないと思うしね。でも、私はそういうのは嫌だったんですよね。あとは、もう一つは結婚ですね」

――結婚ね。結婚はどんなふうに関係してくるんでしょうか。

「結婚はやっぱり自信につながりましたよね、仕事と同じくらい。仕事だけやってても、やっぱり……やっぱり満たされなかったと思うんですよね。結婚できたことは結構デカかったと思います。結婚したのは三十四、五かな。十年ぐらいたってますよね」

——奥さんはどんな方でした？

「うーんと、足が少し不自由な人だった。それだってやっぱり……何でしょうかね、まあ、恥ずかしい話だけども、偏見ですよ。あの、障害者はもらう気なかったですからね。ものすごいエゴイストというか、傲慢というかね。自分が障害者やりながらさ、やっぱりそういう差別してるんだよね。だからすごいね。だから、何を見ても私はもう、人に、社会に対して文句を言うつもりない。私自身はちょっとできないんですよね、感謝こそすれね、世の中に対して。結局、自分自身がものすごいそういう部分がありますから、ありましたからね」

——差別。

「うん、差別がね」

——それは、あなたは自分で障害になられたから、そういう差別のところが自分で見えるんでしょう。あなたが健常者を見たときにも、そういう差別が見えるようになってるんじゃないですか。そんなことはないですか。

「いや、そんなことは全然ないですけどね」

——ぱっと感じることはないですか。

「いや、そんなことは全然ないです」

——むしろ、そんなことは気にならなくなりますか。

「あんまりそういう……最初の頃から、そういうことをとげとげしく見てなかったんですけどね」

――ああ、そうですか。

「どうして自分がこう、嫌な気持ちになるかなって、そういうことを見るような」

――どうして嫌な気持ちになるのかなと思うのは、自分のなかに偏見があるということですか。

「すぐに気がついたわけじゃないですけどね。このごろなんですけどね、それは自分自身にあるだろうっつうのは。このごろやっと気がついて……」

――ああ、そんなあと、このごろですか。

「このごろでしょうね。女房を亡くしてから。それとも女房が病気になってからとか。本当にこのごろだと思いますけどね」

――ああ、そうですか。そういうものなんですね。

「だから、それまではこういう目標、バスケットを通じた友達の関係とか、就職のこととか、それから結婚のこととかに憧れていて、で、まあ、徐々にですけども、そういうふうになっていったというか。でも、自分の思ったとおりにはほとんどなってないですけど。ほとんどなってないっつうのはおかしいけども、あの、健常者の女の子と結婚したいと思ったって、やっぱり障害者の人とつき合って、一緒になってますからね。だから、やっぱりそういうのでも、今の考え方が変わってくる原因かもしれないですよね」

――そうですか。そうすると、大きいのは、友達のこと、仕事のこと、結婚のことですね。

「そうです。大きなことはそれです」

――先程の話では、友達が一番大きいかなということでしたが、こう並んでくると全部ですかね。それとも、やはり友達が大きかったですか。

「うーんと、始まりのころはやっぱりほとんどね、前半は友達が占めてたですね」

――前半は。

「で、中頃と後半は、今度は女房ですかね」

F2　六つ以上に大事なもの

――友達と奥さんですね。あと、今お聞きしたもの以外に、満足度が上がったことにはもっと大事なことが関係していると思うことはありますか。

「そうですね……。さっき、仕事と言いましたよね。仕事で社会と関係する。結局今も、勤めはもう嫌だと言ってるけども、やっぱり社会に関係して生きていきたいっつうことが結構……」

――社会に関係して。

「で、現在はささやかですけども自営でやってるっつうことが、やっぱり関係してますよね。今も生きていける、女房に亡くなられてもまだやっていけるっつうのは、そういうところもあるのかなと思ってますけどね」

――社会に関係して生きていくというのは、たとえば、僕にしても同じ面があると思うんですけれども、障害だから特に意味がある面があるんですか。

「はい。ここ四、五年ですけども、学校訪問とかに呼ばれて行くようになったんですよね。子どもたちに車椅子の体験とか、福祉講座とか、そういうところに」

――そうですか。

「それによって、変わってきましたよね」

――子どもたちと接することは、どんな体験になるんですか。

「私にとって?」

――ええ。

「私にとっては……、そうですね、あの、ボランティアっつうのは、オレはしてもらう、障害者の人はしてもらうばっかりですよね。人に何かしてやるっつうことの喜びが分かったんですよね。いろんな(障害者スポーツ)大会とか、それからいろんな町でも、(車椅子を)押してもらったり、それから困ってれば助けてもらうことはしょっちゅうあるんですけども。まあ、バスケットの大会なんかではね、一日、ボランティアの人が来て駐車場係やってくれたり、いろいろな掃除とか、後片づけとか、ほとんどやってもらいますけども、それを見てても、よくあんなにやってくれるなって。無償でね。それが、あんまりよく分かんなかったですけどね。でも、自分でやってみて、今度は私たちが学校へ行って、体験学習で参加したとき、そのときに、あ、これがボランティア活動なんだ、と思ったんです。行って、こっちが気持ちよくなって、で、また来てねって頼まれちゃうわけですよね、子どもたちに」

――喜ばれて。

「そうです。それが……」

――バスケットなんかを見せるんですか。

「そうです。バスケットをやって見せたり。それから、いろんな話、質問とかをやってみて。で、だいたい今話したような、ほとんどこれと同じ話をしているのかも分かんないです、学校行っても」

――子どもはどんなふうに反応します。

「本当に無邪気ですよね。まあ、主に小学校に行くんでね、もうほとんど車椅子をおもちゃ感覚で、みんな乗りたいと言って」

――乗りたいって。真似したり。

「うん。そうです。ウイリーやると、もう上手い子はすぐに上げるのに慣れたりして」

――ウイリーですか。

「そうです。それからバスケ車（バスケットボール用車椅子）を持っていくんですよね。普段はこれ（移動用）でしょう。バスケ車はこう、（下側が）広がってますよね。ああいうのを持っていくと、競技用に乗ると、またもっと違ってね。動きが速くて、もうみんな喜んでやってくれますしね。だからまあ、単純なことなんですけどね、でも先ほど言ったように、私、十九まで車椅子を見たこともなかったし、そういうの全然ないわけですね。で、行ってて思った。オレもこういう体験したかったって。おれ、言ったことがあるんですよね、小学校で」

——ああ、小さいときにこういう体験したかったって。

「小さいときに」

——なるほど。そうすれば苦しむ度合いが少なかったかもしれない。

「いや、どうなんだろう。苦しんだっつうのはどうなんだろう。まあ、別にそんなにね、あの、受け容れが早いからっていいもんでもないけどね」

——そうですか。

「まあ、私たちの仲間で、やっぱりその、闘病生活の頃で、亡くなった方も何人も見てますしね。まあ、オレもそうだったのかなと思うぐらい、こう、考え方がちょっと違ったり落ち込んだりすると、ちょっと沈みがちな人が、まあ何人か、百人のうち一人ぐらい出たりする可能性はあるんですよね」

——それは自殺ということですか。

「そうです。あと、病気に、うつ病とかそういう違った病気も抱え込んじゃうっつうかね。だから、あとはもう一ついくと、借金苦に陥っちゃうというか。だからそれはもう、障害者だからっていうんじゃなくて、まあ、健康な人と同じだと思うんですけどね。いろんなところに行く道があるんだけども、少し違って行っちゃうと、こっちに行っちゃう場合もあるんで」

——そうすると、社会に関係するときに、逆に障害が結びつけることもある。

「そう、有利になってます」

——有利になるところがあるんですね。

「そうです。私が障害者でよかったなってね」

——それがあるんですね。

「そうです」

——子どもと遊ぶなんてないですものね、僕らは。

「そうです」

——そうですよね。

「学校なんか行けないしね」

——行けないです。

「そうです。そのとおり。それでね、あんまりオレたちが、こう能天気にね、楽しくいるもんでね、どっかの小学校では校長先生もびっくりしてたけど。質問のときにね、〈障害になってよかったことは何ですか〉って訊く子どもがいたんです」

——どう答えられたんですか。ここで一緒に遊べるのがよかったとかって、今のお話みたいに言われたんですか。

「そうそう、それに近いことを。だけど、オレも一人で行ってるわけじゃないんでね。バスケットの仲間で、オレみたいに時間の都合のつく人が、学校の授業の一環で行くわけですから。で、五、六人で行ってたんですよね。それで、ちょっと返事に困ったけども、〈君に会えたことが一番幸せです〉って言ったんです。帰ったらみんなにぼこぼこにされたけどね、あまりきざなことを言うから」

――だけど、それは本心でしょう。

「うーん、まあ本心だけど、そういう言葉で言うのはちょっと語弊があるんじゃないかって。ずうずうしくそんなことを言っちゃったりしてね。結構笑い話みたいだけど」

――だけどそんな気持ちだったんでしょう、本当にね。

「そうですね」

――確かに、僕がもし小学校に行っても、知らない子どもと遊ぶことはできないですよね。機会がないし、方法がない。

「うーん、いや、そんなこともないでしょう。今、ゆとりの学習でね、いろんな地域の人たちに参加してくれって騒いでるからね。だから、私たちは極力参加したいと思ってるんですよね」

――そうですか。

「うん。これからもね」

——ああ、そうか、有利っていうのは……。

「そうです。こういう身体になってなかったら出会わないし。それにこれがね、また私、兄弟多いからね、対比できるんですよ。兄弟、男が五人いるんです、女が一人。で、兄貴が同じ職業だったんですよ。職業は左官屋なんですね。兄貴はまあ、ケガしないで健康で左官屋やってますけども。兄貴の姿を見てると、結局オレもケガしなかったらああいうふうになるのかなって、大体わかるもん。で、今、仕事がなくてね、田舎のことだからね。もう四苦八苦してるんです。都会でやってればいいものを」

——うらやましがられちゃうぐらいですか。そうでもないですか。

「いや、もう、飲んではよくそういうふうに、どっちかといったらやっかまれてるよね。全然、あの、自由でね。そして、女房には、もうちゃんと死なれてるし。ちゃんと死なれてるってのは、ここだから話すんだけど、ほかでは言わないけどね」

——人生の段階をちゃんと経て……。

「で、普通だったらば終わるべきでしょうがね、私みたいのはここでね。完結するっつうか、きれいに、ドラマだったらば終わるだろうけども」

——何でですか、それ。

「やっぱり、ほれ、女房と結婚して、ちゃんと女房を看取ったんだから、あとはそれほどの。

何も起きなくても不思議はないだろうけど、これからまだ何かしようとしてるオレが、またそれが不思議なんだけどね」

——その辺の、何て言うんでしょうか、たくましさと言っていいのかどうか分からないですが、こう、楽しめるところなのかもしれないですけど、それはやはり障害のなかで出てきたものですかね。

「うん。それはありますよね。それでやっぱり、でっかいのはやっぱりお金でしょうね。お金っつうか、年金ですか。私の条件がね、そこにあるんですよ、労災年金っつうとこに」

——それが基本にあるから。

「あるから、でかいんですよね」

——生活のほうは。

「基盤がね」

——年金は失業がないから。

「だって、障害基礎年金と違うからね。年金問題も結構重要。これはあまりほかの人はそう言わないだろうけど。労災年金っつうのは、やっぱりでっかいと思う。年金でもいろんなのがあるんです」

——労災年金が大きいんですね。

「私は労災だから。ただの障害基礎年金では、こういうのんきなことは言ってられないんですよね。正直なことを言うとね。ほとんどこの辺はみんな口つぐんでいますけどね。でも、実際はでっかいんですよね」

——そのようですね。

「これがないと、だって、うーん、たぶん仕事だってまだ必死でしなきゃ。でも、したくてもできないしね、今は仕事ないし。もっと違った考えになってると思うんですけど」

A1　生活満足度という言葉について

——そうですか。では、今までこの調査では生活満足度っていうことで話を伺ってきたんですけれども、その、生活満足度っていう言葉よりもっと適切な言葉、何か思い当たる言葉はありますかね。

「生活満足度じゃ、やっぱりちょっと分かんないですよね。でもこれ、二つに分けられると思うんですよ、ハードの面と、何つうか、その、精神面のほうに」

——精神面っていうのは。

「やっぱり自分自身のなかの改革されたものですか、変わった部分ですか、気持ちのうえで」

——さっきの受け容れみたいな。

「だから、ハード面っつうのは現状では、現在の世の中ではある程度、行政の手助けとか、補助金とか、その他いろいろで不可能じゃないと思います。昔はちょっとね、病院自体もちょっと厳しかったから。最初に私の入った病院は、車椅子がありませんでしたからね。そういう時代でしたからね。今どきそんな病院はちょっとないけど。やっぱり精神的な、気持ちの問題がクリアできないと、本当に悶々としますよね、障害者はね。まあ、障害者に限らないのかもしれないけど。どうなんでしょうかね」

――このハード面と精神面というと、先ほどの受け容れのことや当事者の友達というのも精神面ですか。

「ですよね」

――そういうのを含めてですね。

「今ではね、あの、私たちの脊損連合会ってありますけども。まあ、僚友会みたいなものですよね、脊髄損傷者の。そこでは、ピア・カウンセリングといって、病院を訪ねて、社会復帰の手助けをしようという研究会も起きて、実際に――まあ、地方では徐々にだけども――始まってますけどね。で、私たちもその勉強会に何度か、年に一回か二回参加したりはしてますけども。でも私みたいのはあんまり、うーん、好まれないんじゃないかなと思うんですよね」

――何でですか。

「あんまり、個性がきつすぎるから。オレみたいのが行ったら、オレもオレみたいのが突然来たら、なにか死にたくなっちゃうんじゃないかなって。今、ケガしたばっかりの人のところへあんまり強烈なのが行っても善し悪しだろうなって」

——そうですかね。

「うん。やっぱり自分のことを置き換えてみてもね、あんまり強烈なのも、そんなうれしくないようなところがありますけどね」

調査について

——少し話が戻ってしまいますけども、こう、社会に関係するっていうことでは、たとえば、今日のこの調査に協力していただいたのは、同じような意味があるんですか。

「いや、そんな大げさなもんじゃないですけども、まあ、私でよければいくらでも協力したいと思いますけどね」

——それから、この面接調査をする前は、当事者の方にはどういうふうに思われるんだろうっていうことを、こちらは随分心配したんですが、好意的に考えてくれるだろうかっていうことを心配したんですけれども、実際に会ってみると、積極的に協力していただいているんで

——あなたもそうですし、ほかの方もそうで——、私たちは、あの、何て言うんでしょう、感激してるような感じなんですけれども。

「そうなんですか。でも、みんな違うでしょう」

——みんな、人によって違いますけども、ただ、一様に協力的に、好意的にしてくれるんですよ。まあ、みなさん、生活満足度がこう上がっている方なんですが……。

「上がってるんですか」

――上がってる人にお願いしていまして。

「もっともね、下がった人の話聞くのはとてもつらいもんね」

――そう。それに、あの、話すほうがつらいでしょうからね。

「そうですよね」

――ですから、とにかく上がった方にお訊きしようと思いまして。さて、こちらでお訊きしようと用意していたことは、だいたい伺ったんですが。あと、あなたの話でも、ほかの方の話でもよく出てくることで、言葉は違うかもしれませんが、障害者の自立ということは、あなたにとってはどんなふうに感じられているんでしょう。

「うーん、障害者にとっては、私にとっては、それが一番の重要なことですね。今、たまたま弟と暮らしてますけども、できれば私は一人で暮らしたいと思ってるんですよね」

――そうですか。自立という言葉は、いろんなふうに、いろんな面で出てきたと思うんですが、あなたにとって自立のなかでは何が大事、どんなとこが大事だったんでしょう。

「いや、私は具体的にね、自立っていうのは、その、社会復帰のときも含めて、自分が一人で暮らせるかっつう」

――一人で暮らすっていうのは、家で？

「家で」

——家で一人で。

「家の中で一人で暮らしていけるかっつうことが」

——援助を受けないでという意味ですかね。

「援助は労災年金もらっているから、十分な援助は受けてるから」

——身の回りの援助？

「身の回りの援助を受けることに対しては、そんなに抵抗はなくなってきてますね。前はね、お米とぐのも、それから洗濯するのも、それから買い物、それからまあ、家の中の掃除とか、そういうのが全部自分でできて初めて自立かなと思ってたんですけど、今は必ずしもそう思ってないですよね」

——そこは変わるんですね。最初、自立っていうのは、そういうのが全部できることが自立だと思ってた。

「自立だと思ってたんです」

——そうじゃなくて、違うんだと。

「そうです」

——それで違ってくると、何が自立になるんでしょう。

「うーんと。オレは女房と二人暮らしだったんだけど、もし突然一人になってもやっていけるっていう……。うちの女房がね、病気になって六、七年、今からだと七、八年前、あ、九年ぐらい前になるのかな、そのときに私が家で一人で暮らすようになるわけですよね。でも、女房と暮らす前までも、車椅子でひとり暮らしだったんですから。だから、女房はものすごい心配したけども、オレは大丈夫だよっつって。で、実際、大丈夫なようにやってましたからね。で、女房はだんだん悪くなって、台所にも立てなくなる、洗濯もできなくなるっていうような、もう、だんだん病院と寝たきりの状態で行ったり来たりが、最後の一年ぐらいはそういうの多くなってきたんですけどね。でも、それだってやってられましたからね」

――そうすると、自立とは炊事から何から全部やることだって、単純に考えがちですが、援助を受けながら自立するっていうか……。

「そういうこともあります」

――そういうふうに変わるんですかね。

「そうです」

――そんなふうに割り切れるんですか。

「割り切れますよね。だから、私は思いっきり自立というか、自分の望んでいたように、自分一人で、炊事洗濯も全部やれるところまでいって、それで今度結婚して。まあ、ある意味、女房にほとんどやってもらったから楽だったですけどね。でもそれで……」

――いったんは自分でできるようなところまでいったんですね。

「そうです。それが重要なんですよね」

──いったんできるようになったから……。

「だから、途中で今度、女房がそうできなくなったときでも、自分でできたからね」

──ああ、そうか、そうか。

「で、あんまり困らないっつうのは変だけど、困ったけども、でも生活は成り立ちましたからね、二人っきりでね。オレが心配したのはね、夜中に寝てて具合悪くなったときに救急車呼ぶとか、タクシーで病院に運ぶとか。それはちょっと不可能ですものね、私、だっこできるわけじゃないしね。だから、ちゃんと事前に調べてね、救急車はどうやって呼ぶかとか。そしたら、救急車はそういうのじゃ来ないっつうんだよな。そうすると、民間の救急車はどこに頼むのかとか。そういうのをこう、調べていった。それでいくらかかるとか調べたりね。そういうふうになっていくんですよね。で、それでもまだ対応できる。女房も具合悪かったけども、それに対応してくれて。だから、最後の頃は、女房との生活でも相当勉強になってますよね。現在の、もう最後のころなんだけども。本当にそれは四、五年前の話ですからね。五年ぐらい前の話で」

──いろんな対応というか、工夫というか、そういう感じですね。

「そうですね。一番おもしろい話っつうか、すごい話があるのは、この間あった地方ブロックの話なんだけども、飛行機の搭乗。その人は飛行機で全国、世界も単独で廻ってるらしいんですよね。その人が搭乗を拒否されたわけ。もう八十回ぐらいいろんな飛行機乗ってて、拒否は初めてだったんで、そこでねばったらしいんですよね。そうしたらば飛行機会社の人に、〈車椅子で（タラップを）上げるというのはちょっとできない〉と言われたらしいんですよ。そしたらその人、車椅子降りて、タラップの下からね、ずって上がってったらしいんですよね。それでそこの飛行機会社の人は、その人が乗ってから、今度、座席は前にとったんだけども、その隣に係員が一人乗ってたそうです。行きも帰りもそういう形で。だから、そんななら、おんぶするとかね。それと、一般の乗客も黙って見てたっつうのもまたものすごい状態だけど。そういうことやる人の、やったその人が、まあ嫌がらせみたいなもんだろうけどね、いい根性してるなと思って。でも、オレにはちょっとできねえかなと思ったけども、でも、ああそうか、そこまで自分がやる気があれば、さっきの日常生活のことでもそうだけども、自分がやる気があればいいわけで、できないと言っちゃうとすべてができないみたいな」

――やる気があればできるんだと。

「うん。で、実際にオレなんか手に力あるしね。ない人はそりゃ不可能だよ。でも、できる人がしないんだから。這ったたって行くって言っちゃえば、ある程度乗れちゃうけど。飛行機会社も一般の人も相当迷惑だろうけどもね。でも、本人が、その、恥ずかしいとか、そういうの払拭したものがあって、すごい頑張れば、私はある程度生きていけると思うんですけどね」

――それが自立の、極端かもしれないけど、一つの典型的な姿ですね。

「そうですよね」

――なるほどね。

「やらないでいて、あそこは段があるからだめだとか文句言ったり、それから、対応に文句言っててもやっぱりね、全然先には進まないんで。じゃ、乗っちゃだめだというんならば、車椅子の方は乗せませんと書いといてもらえばいいんじゃないかって、その人はもう強気だったけどね」

――そういう意味でチャレンジするようなことに関しては、障害者じゃなくても健常者の自立も似たところがあるんですかね。健常者もやっぱり自立していくわけですよね、親元から。

「そうですよね」

――そのときにはやっぱりいろんなむちゃをしたり、いろんなことで戦ったりしていくんだけども。

「そうですね。でも今、学校回りして思うのはね、今の子どもたちは本当に、こう、過保護というか、保護されてますね。自分の力はどのようにあるか、ちょっと、私もよく考えたらちょっと分かんないですよね」

――自立っていうのは、自分の力ですかね。

「うん」

――自分の力がどれだけ出せるか。

「それでできない部分はやってもらうっていう素直な気持ち。でも、とりあえずは自分である程度できないとさ、こう、ものは言いづらいような気がするけど。それがちょっと偏見かもしれないけどね」

——這ってでも上るぐらいのことができないと？

「いや、でもそれを言うとね、障害者仲間ではもう総スカンなんですよ。そうでしょう。だって、手のきかない人とか寝たきりの人もいるわけですから」

——ああ、そうか、そうか。

「だから、こういう話をそのまんま言っていると、ちょっとまずいんですよね」

——ああ、そうですか。

「実際そういう目にも遭ったことあるんですよ。討論会で、いろんな人たち五十人ぐらいで、こう、円卓で話し合いだったわけ。で、そこで私もいい気になってこういう話していたら、向こうのほうで、やっぱり小さな子どもの障害者とか、それからもっと重度の人とかが、いや、池田さんは元気で何でもできるけれども、私たちはやっぱりどんどんお手伝いしてもらわなきゃ困る、と言うんです。私はどっちかっつうと町中でみんなに無視されててちょうどいいって、偉そうなことを言っちゃったらさ、それは困ると言うんですよ。だから、私もすいませんって謝ったけどね。私は全障害者の代表のつもりは全然ありませんので。ただ私、池田個人の考えですのでって」

——障害によって全然違うという話ですよね。

「全然違いますよ。ものすごい違います」

――えーと、少し事実関係の確認ですけども、車の免許を取られたのはいつ頃ですか。

「うーんと、二十六か七ぐらいだと思うけどね」

――あと、描いていただいた生活満足度が、最後のほう（四十二歳ぐらい）でまた少し上がってるのがとても特徴的な印象を受けました。

「あれは高過ぎるのかな、オレが描いたのは」

――いや、これは直感でお答えいただくものですから。

「（グラフを見ながら）これがオレが描いたグラフですか」

――この辺（二十歳前後）での上がり方もすごいですよね。

「これは何だろうな……二十歳、これはちょっと嘘でしょうね。もうちょっと（上がり始めは）右にずれるんじゃないか、二十五ぐらいまでに」

――そうですか。

「まあ、二十五はやっぱり高く描いてますけどね。でも、何でここのところが早過ぎるかっつうのはね、あの……自分が障害だっつうことがよく分かってない部分もあるんですよ。治るだろうという意識が結構強かったんですよ、三カ月、一年ぐらいは。病院が普通の病院だったもんで、ケガしてどたんと落ちたけども、落ちてはいるんですけどもね、治ると思ってたから」

――そういうふうにおっしゃる方が割と多いんですけれども、自分だけは治ると思ってたって。

「いや、私は自分だけが治るんじゃなくてね」

――自分も周りの人も……？

「そういう情報がないから。たぶんオレ、こういう障害が世の中にあるとも知らないわけだ。ケガして初めて脊損とかそういうのを知ったわけですからね。今どきはちょっと違うだろうけどもね。私の場合はなんか仕事がやたら忙しかったんですよね。だから、少し骨休めできて、二、三カ月寝てられるからいいかなっつうぐらいのところは結構あったんですよね」

――最初はそう思っていた。

「最初は。でも、半年寝てても変わらない。最初はね、結構この辺（体幹）までね、麻痺があったんですよ。今、この辺（下肢）まで下がってますけどね。まあ、でも最初ね、麻痺の高さを、こう、マジックで身体に印をつけたの。日にちをつけて。するとこう、どんどんどんどん下がってくるんですよね。一日にどんどん一センチ、二センチ、下がってくるんですよ。で、この辺までできたら、あと、全然進まないんですよね。これ見てると、だって、ああ、二週間でここまで来たから、三週間でここまで。じゃ四週間でここ、五週間でここ、二カ月でここって計算するじゃない。でも、ここら辺まで来て、あと全然進まないんですもんね、あとね。マジックがずっとそこだけ丸く、真っ黒けになりそうになっちゃう」

――じゃ最初は数カ月って計算して。

「すぐだと。二、三カ月寝てれば治るかと。知らないからね。脊髄が切れたら下半身麻痺になるっつう、具体的なそういうの、分からないですからね。だから、けっこう能天気でいられたので、ある程度、その最初の部分では助かってんのかも分かんないですよね」

――では、あの、ここ（四十二歳前後）で上がってるのはどうしてなんでしょう。奥さんが亡くなられたということでしたが……。

「あ、落ちなかったかっつうこと？」

――ええ。上がってるようにも見えるので、何故かと。

「今上がっているということについてですよね……」

――亡くなったのはこの後、このぎりぎりのときですよね。

「そうです。ここでちょっと微妙に上がってるのは、あの、女房の病気を知って、それで二人の関係がもっと良くなってったんですよね、逆に」

――ああ、そうですか。

「女房にけっこう甘えられたというか、女房がオレに甘えたというか。女房もオレみたいな、こう、強気な人間だったからね、うまくはいってなかったのかもしんないけど、どうなんでしょうかね。まあ、共同生活みたいな、もう嫌ならすぐ別れちゃえばいいっていう、二人ともものすごいそういうことが強かったんですよね。強気の二人だったからね。だから、まあ、女房がそういう状態になって、かえってその六年間ぐらいは、最後の六年間、最後っつうか、病気になってからは……」

――充実したと言うと変だけれども、そういうことなんですね。

「そうですね。あの、その間、本当にその六年間は、女房も別に、明日死ぬというような感覚で生きてたんじゃなかったからね。まあ、女房がどういう感覚で生きてたのか分かんないけども。だから、旅行とかそういうのをし放題。それから、何ていうかな、あとは食べたい物を食べ放題。あとは、うーんと、買いたい物は買い放題。まあ、自分のなかの範囲内だけどね。借金してまでしてるわけじゃないけども、でも、子どもいなかったっつうことでね。まあ、それがね、果たしてその人の幸せかっていえば分かんないですけども、うちの女房と私にとっては目先の、そういうことで楽しいっつうか、充実できるやり方だったんですよね。子どもがいたら何かそれはもっと違ってるだろうと思いますけどね」

――そろそろ時間がきてしまいましたが、最後にもう少しだけ聞かせて下さい。あの、厳しい先輩との出会いが大きかったとおっしゃいましたが、その厳しさというのはどんな……？

「厳しいっつうのは、まず、バスケットで厳しかったですね。それから、不正に対して、ずるに対しては結構厳しかった。ずるというか、バスケットだともうはっきりしちゃうんだけどね、飲んでいても話はバスケットの話ばっかりで、まあ、それとみんな絡めた話でね。結局、人間的にずるいことがもういけないみたいなね。真っ当で、そのまんまでものをやりなさいっつうみたいな、ごまかしたりなんかするのはだめだったですよね。そういう面では厳しかった」

＝そうすると、障害者だからというのは関係ないですね。

「関係ないですよ。全然関係ないです、それは。その人は、別に障害者じゃなくてもそういうことなんだろうけども、まあ、分かんないですけどね。でも、私の場合はもう極端に、やっぱり先ほど言ったように、障害者になったんでこんなに違ってるっつうのはあります。健康でいたら、うちの兄貴みたいになるのかなと思ったり。兄貴に失礼だけどね」

情報伝達

——わかりました。では、こちらからの質問はこれで終わりです。今日お聞きした内容は、すべて匿名で扱います。そのなかの情報を発表する際にも、池田さんの身元に関する情報が漏れることのないように十分配慮いたします、当然ですけれども。最後に、池田さんのほうから何かこちらにお訊きになりたいことがありましたら、遠慮なくどうぞ。

「あの、こういう調査がどういうふうに使われていくかが、よく分かんないんですけども。やっぱり今までにもね、こういうアンケートは山ほどあるんですよ、実際。今でもありますけど、少し。でも、こういう具体的な形で、まあ、だからってこういう私みたいなくだらない話がどうなるっつうもんじゃないだろうけども、一人一人がね、違うっつうことだけはわかっててもらいたいんですよね」

——はい。それは……。

「どうしてもね、車椅子に乗っていれば障害者でひとくくり。それから、重度障害者。車椅子イコール重度障害者みたいなところですと、あの、何ていうかな、調査する人とか社会に対して、まあ、行政に対してもずっと思ってるんですけれども、うーん、そういうひとくくりにするような気持ちがありますよね。やっぱり一人一人全部違うっつうことで」

——障害も違うし、人としても違うと。

「違います」

——そうすると二重の意味で違うということですね。

「こういう過去のことを聞けば、絶対違うのはわかります。あたりまえだもんね。ケガした条件が同じで、交通事故でも何百人といますけども、でも、全部違いますものね、どうしてもね」

——あの、終わりにきてまた訊いてしまいますが、私たちは最初にアンケート（障害基礎調査・社会参加調査）でいろいろ伺ったんですけれども、アンケートでは絶対に分からないことがあって、直接話を伺わなければ話にならないだろうと考えたんです。よく先が見えないところもあったんですけど、まず会って話を聞くことが大事だということで、この調査を開始したんですけれども、その点はどんなふうにお感じになりますか。

「賛成します」

――賛成ですか。

「うん。ただ、この作ったものがこの先、何か使い途があるんですかね。あるんですかねっつうのはおかしな話だけど、どうなんでしょうね」

――これは、ちょっとどこまでどういうふうにできるかは分かりませんけども、もちろん、専門の論文としてまとめて、そういうところに発表しようとは思っています。専門家に知らせるのは論文が一番いいですから。それと同時に、できれば専門家への論文のような形じゃなくて、ここで得た知識を、もっと具体的に当事者の間に、当事者から当事者の間に伝達するような形にもできたらと思うんですけど。どういうふうにすればそういう形にまとめられるかは、まだ、やってみないと分からないところもあるんです。どうでしょう、こういう情報を、障害を受けられた方に役に立つように、こちらが仲立ちして伝えることは……。

「それはあるんじゃないですか。大学のなかでも、さっき言ったピアカンの、ああいうシステムのなかでも、可能性はあるんじゃないですかね」

――何ですか？

「ピア・カウンセラーっていう、そういう……」

――ああ、ピア・カウンセラーね。そんな形でね。

「でも、どうなんでしょうかね。あの、今はね、いろんな障害者の人にきれいなパンフレットで、役所とかいろんな団体から情報は流れていますけども――補助はこうやって受けられるとか、車椅子はこうやって申請しなさいとか、それから、いろんな相談事はここへ行きなさいってことはあるけども――、こういう個人的なことっつうのはどうなんだろう。もしかしたら、けっこう必要なのかも分かんないですよね、もっとね。行政のありきたりの形、おざなりの標語じゃなくてね」

――そうですよね。先ほど、アンケートはたくさんあるとおっしゃいましたけれども、こうやって直接会いに来るというのはないんですね。

「ないです。なかなかないです。あるとすれば、スポーツ関係の体力測定。これがくたびれるんですよね」

――こうやってお会いして、その生のものをどうやって、ほかの人にきちんと伝えて、まとめるかっていう仕事は、やはり研究者の側に残ってることなんですけどね。

「そうですよね」

――また、まとめていく途中でご意見いただくことがあるかと思いますけれども……。

「私は、あの、最後にね、やっぱり、やっぱり今……、生活満足度はあのグラフのとおりなんですけれども、今はもしかすればもう少し上がってるかも分かんない。なぜかっつうと、社会の関わりが、もっとちゃんと、もっと具体的に、小学校とか自営の仕事のこととかでもっと重要になってきたから。ただ会社に勤めてる時代はね、私はベルトコンベアーを長いことやってたからね、もう嫌気さしてるんですよね。だから、やっぱり人との関わりが一番重要かなと思うんです、人と関わって生きてることが。それがものすごい、まあ、微妙だけども、まだ今は充実してる……っつうのは語弊があるかも分かんないけども、まだ少し、たぶん、もっとよくなってもいくだろうしね。私の場合、下がる予定はないみたいな。ずうずうしいですよね」

――グラフで最後のところでも、ちょっと上がってるところに意味があったんですね。それは今も上がり続けているし。分かりました。あの、ご予定いただいていた時間を超過してしまいましたが。

「いや、とんでもないです」

――こちらは、ありがたかったんですけど。

「いや、大丈夫ですよ」

――本当にどうもありがとうございました。

第二章　障害の「語り」研究

一　プロジェクトの目的と解説

熊倉伸宏

インタビューで得られた「語り」はそれ自体が独立した価値をもつ。そして、それをいかに理解し利用するかは、その「聞き手」次第である。

この点については、先ずは私たちが出版に至った経緯を説明することが、読者のニーズに沿うものであろう。

この本は障害福祉に関係のない一般の人に読んでいただきたいのであるから、専門家でなくては読めないという書き方は避けた。しかし、専門的議論が必要な部分もある。そのような関心がある方でない場合には、本章は読み飛ばしていただきたい。あくまでも、第一章に収録した「語り」を直接読んで「聞き手」が感じ取ったものが本書の伝えたいものである。

以上を前提として、まずは、この本の目的、この本が出版されるまでの経過を解説する。この研究は一九九八年、国立身障者リハビリテーションセンター運動機能系障害研究部部長であった矢野英雄先生から私（熊倉）に歩行障害の障害福祉の社会医学的研究をして欲しいと要請があったところに始まった。ここで歩行障害とは、ポリオと脊髄損傷によるものの二つである。

一　障害福祉研究の始まり

矢野氏はすでに世界に先駆けて脊髄損傷の自力歩行を成し遂げた実績がある。歩行障害の電気生理学的研究等、多くの研究実績がある。しかも、その研究手法は患者との協力関係を大切にした極めて臨床的なものであった。研究計画の開始時点から当事者が参加されたのも、矢野氏の判断があってのことである。当事者との協力という姿勢がその後の研究の方向性を大きく決定した。

はじめに矢野氏が提起した研究テーマは、「歩行障害は加齢と共に二次的に悪化するか否か」であった。二次的悪化の有無は当事者にとっては重大な関心事だからである。

私たちは、まず、一九九九年一月、全国水準で郵送法による第一回の質問紙調査（「障害基礎調査」）を行なった。後に詳しく述べるが、この時点で私たちは前述の経時的視覚アナログ尺度（Visual Analogue Scale for Time Course；VAST）という新しい尺度を導入した。これは、自らの障害を時間経過によって主観的に評定するものである。これはそれまでもさまざまな研究で用いられていた視覚アナログ尺度（Visual Analogue Scale；VAS）に時間経過を加えたものである。障害の問題に取り組む以上は単純な数量化だけでは見落とすものがあると考えたからである。実際に研究が進むにつれて、私たちの関心は障害者の生活に向いた。必然的にテーマは障害受容と生活満足度という二つへと絞られていった。

こうして一九九九年十二月より、「社会参加調査」と称する第二回の質問紙調査を実施した。この調査で、生活満足度のＶＡＳＴを用いた。これが「語り」研究へとつながった。これらの研究については、次項、「郵送法による質問紙調査」で解説する。

一―二　「語り」研究への過程

はじめは、この研究は前記のような質問紙調査で完結する予定であった。しかし、それが一段落したとき、私たちは大きな不全感を感じることになった。

私たちは気づきはじめた。私たちが知りたかったことは、障害のある人たちが実際には、どのような問題を感じており、それにどのように対処しているかであった。質問紙法では限界があった。

「直接、彼らの声を聞かねばならない」

皆がそのように感じ始めていた。私たちにとって「語り」研究が切迫したものとなった。ただし、研究者と障害者がこれらのテーマについて率直に話し合った記録はほとんどない。

何故なのか。

もともと「語り」研究には未解決の多くの問題があった。そこには少なくとも二つの方法論的な困難が指摘されていた。

第一の困難は、「語り」は面接者と被面接者の出会いによって規定されるという事実そのものに由来していた。

実際に、面接調査という方法の限界に関しては、文化人類学の領域ですでに指摘されていた。「情報提供者は通常、人類学者に嘘をつく」。情報提供者は面接者の思いを先取りして答えたり、都合の悪いことを隠したりする。たとえ真実をすべて語ったとしても面接者がそれを理解できるとは限らない。かつては、「参与観察という方法」が多用された。しかし、それさえも私たちを「一つの真実」へと導くものでないことが分かってきた。私たちのインタビュー調査は重要な問いへと突き当たった。

それは、「どのようにしたら彼らが研究者に真実を語ってくれるのか」であった。

第二の困難は、「〈語り〉研究はいかにして真実に至ることができるか」という課題であった。ここに「〈語り〉において何が真実か」という現代的なテーマがある。インタビューが適切に行なわれれば深い対話は可能だろう。しかし、人がそれを要約することが可能なのか。「語り」研究では生きた言葉の迫力に翻弄され、結局は研究者の分析力が及ばずに、悪くすると、研究者の粗雑な主観的表明に終わる危険がある。私はそのような前例をあまりにも多く見ていた。

「語り」のなかの真実。

ただし、このような方法論的な懐疑は多分に観念的なものであった。実際には、その懐疑の陰には、より素朴な人間的な不安が隠されていた。そのことを彼らとの出会いは気づかせてくれた。

「本当に彼らは私たちの試みを歓迎してくれるのだろうか」

この不安が研究者である私のなかにはあったのだ。それは私たちの研究姿勢が問われることへの不安であった。そのことに、まずは気づかされたのである。この不安に気づくと、それこそが当事者との出会いのなかで研究者が学び取るべきことであると思うようになった。

研究者と当事者がどのように出会い、どのように協力し合うのか。これこそが「語り」研究の真のテーマとなった。そして、実際には、積極的にこの研究を支えてくれたのは私たちの意図を理解して下さった当事者たちであった。

このことは、私の不安がいかに多くの無理解から生じていたかを深く反省させるに十分であった。

一―三　障害の「語り」研究

理論的な面では、「語り」研究の文献的レビューから、議論はある一点に集約することが分かってきた。それは、「すべての〈語り〉は権威的知に対して固有の特権性をもつ」ということであった。

「語り」に秘められた真実は、「実在の多様性、真実の多様性（multiple reality, multiple truths）」のなかにある。この点では、ほとんどの成書に共通していた。これは一種の相対主義といってもいいだろう。私たちが行なう「語り」研究も一つの絶対的答えには至らない。いくつもの見方、答えがある。つまり、相対主義を刻印されたものとして引き受けねばならない。そのような自由度を含んで研究結果を公表しなくてはならない。

要するに、「語り」研究では、「語り手」の多様性と主体性から出発し、最後まで、それを払拭できない。

私たちは「語り」がもつこのような特性を生かすことにした。

私たちは研究方法を工夫した。障害受容と生活満足度をキーワードとして文献検索を行なった。そして専門家が依拠している障害理論を文献的に抽出し整理した。それはおおよそ十個を越えない簡潔な項目にまで圧縮された。これに対応して巻末に資料として添えた半構造化されたインタビュー・ガイドが構成された。

次には、それらの項目について当事者から、直接、体験を聞けばよい。そうすれば、専門理論そのものを当事者の視点から洗い直すことができる。これは専門家と当事者の共同作業である「語り」研究に似つかわしい方法であった。

二〇〇二年、この本の素材となった面接調査が始まった。その解析方法は質的研究の手続きに従った。この点については本章の「三-一ロング・インタビュー法による質的研究」で解説している。

しかし、ここで研究は終わらなかった。

一―四　面接場面での小さなエピソード

面接調査の実際は生々しい印象を私たちの心に刻み込んだ。

その一例を紹介しよう。ほとんどの障害者は予想以上に協力的であり、実に積極的に私生活の隅々まで話をしてくれた。むしろ私たちは、なぜ彼らがこれほどに協力してくれるのかを考えねばならなかった。

その一人がにこやかに語った。

「このような面接調査は初めてです。いつも質問紙はたくさん送られてくる。でも、会いに来るのは体力測定のためだけでした」

それ以前から、私たちが送った複雑な質問紙に根気よく回答してくれる人たちの実像を私は知りたかった。私たちは初めて、その人に出会った気がした。しかも、彼らがインタビューで語ることは他の障害者に、そして社会に対して語っているのだと気づかされた。考えてみれば、それは当たり前のことだった。

気負うことなく彼らは語る。語るべきことがたくさんある。必要なのは適切な「聞き手」だったのだ。この「語り」を適切な「聞き手」に届けることまでが研究のテーマなのだ。「語り」研究の対象者が積極的であればあるほど、それを社会に還元することが研究者の責務となる。
情報伝達。当たり前のことが面接調査の重要な課題であり、責務と感じたのである。

一―五　情報伝達の研究

「語り」は出会いのなかにある。

インタビューで生じた「語り」を生かすには、情報伝達が必要である。情報を研究者に知らせるには専門論文を書けばよい。しかし、研究が陥りやすい限界がそこにある。実は論文を書いても研究は終わらない。そこから何かが始まらねばならない。

こうして実際の出会いのなかで得られた情報を誰に、いかに伝達するか、それをいかに生かすか、つまり情報伝達が重要なテーマとなった。伝達されるものは障害者と研究者の出会いであり、「語り」であった。「語り手」が獲得した「生きる」ことについての何らかの智恵を社会に伝達する。つまり、情報伝達とは単に障害者間伝達だけではなくて、障害者・健常者間伝達、障害者・研究者間伝達が含まれている。

「語り」研究は、必然的に情報伝達の方法論へと展開した。こうして、この本の出版に取りかかった。読者の方たちは、この本には多くの人たちの秘められた思いが込められていることをご理解いただけたろうか。

最後に、私たちが障害を考えるのに便利な言葉がいくつかある。私たちが障害福祉研究の過程で彼らから学んだ言葉である。障害の質を考えるときに重要なので紹介する。

内部障害と外部障害：この言葉は障害が他者から見えるか否かで区別するものである。歩行障害は外部障害であり、聴力障害は内部障害である。「精神障害と知的障害はどちらに属するのだろうか」など多くの発想をかき立ててくれる。

中途障害と生来性障害：脊髄損傷のように人生半ばで生ずる障害を中途障害という。それまで健常者としての人生を過ごしてきて、突然の障害によって障害者としての人生を歩む。つまり健常者と障害者の生活の対比を生きる人たちである。これに対して、生来的に障害のある人は生まれながら障害を生きる。障害ある自分を発見する過程が人生にはある。脊髄損傷は典型的な中途障害であるが、ポリオによる障害者の多くは出生後数年内に発症している点で生来性障害の特性を備えていることが多い。本研究がこの二つの障害を対象とした一つの理由は、この対比にある。

二　郵送法による質問紙調査

平部正樹・藤城有美子

本項では、一九九九年に行なわれた二度の質問紙調査（障害基礎調査、社会参加調査）について詳しく説明する。

二―一　障害基礎調査

目的

障害基礎調査は、一九九九年の一月から三月にかけて行なわれた。目的はポリオおよび脊髄損傷の二次的悪化発生の有無とその実態、ならびに障害の経過を把握することであった。

方法

一九九九年一月から三月にかけて、無記名自記式調査票を郵送法で配布・回収した。対象は、ポリオおよび脊髄損傷による麻痺を有する人であった。まず、全国から任意に選ばれた病院、障害者施設において受診・通所・入所歴を有する人、および患者組織に所属する人のリストを作成した。ポリオでは、全国十三の医療機関および社会福祉施設と一患者組織の会員から一、六二一人が、脊髄損傷では、全国九の医療機関および社会福祉施設から一、六二一人が把握された。このうち住所不明者を除き、ポリオ一、三八五人、脊髄損傷一、六一三人が対象とされた。

調査票は、回答者の属性、身体症状、日常生活動作（Activities of Daily Living；ADL）、社会参加、二次的悪化の有無、そして四肢・体幹別の障害を時間経過で記入する経時的視覚アナログ尺度（VAST）で構成されていた。VASTは、縦軸が障害の程度、横軸が回答者の年齢を示しており、生まれてからの障害の経過を回答者が振り返って書き入れるものであった。

ADL、社会参加、身体症状は、回答者が現在（調査当時）感じている症状や困難の程度を書き入れる項目であった。ADLは「入浴」「排泄」「食事」「更衣」「歩行」の五領域で、零点から四点の困難度であった。したがってADL合計点は二十点満点であった。社会参加に関する質問項目は、世界保健機関（World Health Organization；WHO）の国際障害分類（International Classification of Impairments, Disabilities and Handicaps；ICIDH-1）の社会的不利の六領域をもとに作成された。「コミュニケーション」「身体的自立」「移動性」「活動」「社会統合」「経済的自立」の六領域で零点（困難なし）から八点（きわめて困難）の九段階であった。したがって、社会参加合計点は四十八点満点であった。身体症状については、「関節痛」「関節拘縮」「骨の変形」では、右上肢、左上肢、右下肢、左下肢の四部位について零点（全くない）から四点（重症）の五段階で評点を求めた。「易筋肉疲労」「安静時筋肉痛」「運動時筋肉痛」「筋肉萎縮」「むくみ」「しびれ」の六症状では、四肢に腹筋、背筋、頸部の筋肉、呼吸筋を追加した八部位について、同様に五段階で評点を求めた。身体症状合計点は二百四十点満点であった。

二次的悪化の有無は、

（1）これまでにポリオに関連した症状・障害がある時期に急に悪くなった

（2）今までに手足や首・腰などに普段と異なる痛みやしびれなどの異常を感じたのいずれかを経験したと回答した者を二次的悪化ありとした。

結　果

【回収状況】

ポリオでは六六二票の有効回答を得た。一、三八五人からの回収率は四七・八％であった。脊髄損傷では七五一票の回答のうち、先天性疾患の一五票を除外し、七三六票の有効回答とした。先天性疾患を調査対象から除外した一、五九八人からの回収率は四六・一％であった。

【回答者の属性】

回答者の属性を表2-1に示した。ポリオは、性別は男性四八・〇％、女性五二・〇％であっ

表 2-1　障害基礎調査の回答者属性

		ポリオ	脊髄損傷
性　別	(男性：%)	48.0	86.5
現年齢	(平均〈歳〉±SD)	51.1± 9.8	45.1±13.3
罹患・受傷時年齢	(平均〈歳〉±SD)	2.0± 2.7	27.4±14.1
罹患・受傷後経過年数	(平均〈年〉±SD)	48.9± 9.2	17.1±10.2

た。平均年齢は、五一・一歳であった。罹患時年齢は二・〇歳、罹患後経過年数は四八・九年であった。脊髄損傷は、性別は男性八六・五%、女性一三・五%であった。平均年齢は四五・一歳であった。受傷時年齢は二七・四歳、受傷後経過年数は一七・一年であった。

表2-2には、ポリオ、脊髄損傷それぞれのADL、社会参加、身体症状を示した。各数値は、性年齢を調整している。ADL、社会参加ともに、すべて脊髄損傷のほうが困難が大きかった。身体症状については骨変形、易筋肉疲労、関節痛以外は、脊髄損傷で重度であるという結果がみられた。

【二次的悪化の有病率】

前述の二次的悪化の基準において、ポリオで該当した人数は四九五人(七四・八%)であった。そのうち、一二九人がポリオ以外の筋骨格系の疾患で治療を受けていると答えていた。その一二九人を除くと二次的悪化の有病率は五五・三%と推定された。また、脊髄損傷にポリオと同じ二次的悪化の基準を当てはめると、該当した人数は三七三人(五〇・七%)であった。脊髄損傷以外の筋骨格系の疾患で治療を受けていると答えていた四一人を除くと、二次的悪化の有病率は四五・一%と推定さ

表 2-2　性年齢を調整した ADL，社会参加，身体症状

	ポリオ				脊髄損傷			
	N	平均	±	SE	N	平均	±	SE
日常生活動作（ADL）†								
入浴	641	0.08	±	0.06	719	0.81	±	0.05***
排泄	642	0.01	±	0.06	720	0.63	±	0.05***
食事	643	0.01	±	0.04	719	0.27	±	0.03***
着衣	643	0.02	±	0.05	720	0.44	±	0.04***
歩行	635	0.95	±	0.05	717	2.88	±	0.04***
ADL 合計点	620	1.05	±	0.21	702	5.08	±	0.18***
社会参加††								
コミュニケーション	647	0.08	±	0.04	723	0.19	±	0.03*
身体的自立	646	0.79	±	0.10	724	2.12	±	0.08***
移動性	644	0.74	±	0.10	722	1.58	±	0.08***
活動	642	1.93	±	0.11	710	2.92	±	0.10***
社会統合	635	0.54	±	0.07	706	1.20	±	0.06***
経済的自立	620	1.94	±	0.09	699	2.40	±	0.08**
社会参加合計点	590	6.04	±	0.38	673	10.44	±	0.32***
身体症状［部位数］†††								
易筋肉疲労　［8］	572	6.78	±	0.37	669	7.34	±	0.31
安静時筋肉痛［8］	516	2.15	±	0.30	614	3.74	±	0.25***
運動時筋肉痛［8］	513	3.59	±	0.34	615	4.65	±	0.29*
筋肉萎縮［8］	513	3.51	±	0.34	605	4.52	±	0.29*
むくみ　［8］	501	1.47	±	0.20	621	2.95	±	0.17***
しびれ　［8］	518	1.75	±	0.33	648	6.65	±	0.28***
関節痛　［4］	434	2.85	±	0.22	573	3.41	±	0.19
関節拘縮［4］	419	2.30	±	0.21	552	3.35	±	0.18**
骨の変形［4］	419	3.08	±	0.22	533	2.18	±	0.18**
身体症状合計点	533	27.23	±	1.90	635	38.57	±	1.61***

*：$p<0.05$、**：$p<0.01$、***：$p<0.001$（t-test）

† ADL は“0：できる”から“4：できない”までの 5 段階の困難度で評価された。ADL 合計点は 20 点満点である。

†† 社会参加は“0：制限なし”から“8：できない”までの 9 段階の困難度で評価された。社会参加合計点は 48 点満点である。

††† 身体症状は 4 もしくは 8 部位について，0 から 4 点で評価された。身体症状合計点は 240 点満点である。

れた。

【VASTの分析】

VASTの結果を**図2-1**、**図2-2**に示した。縦軸は各対象者のVASTを平均して示した。また横軸は罹患および受傷後経過年数で示した。ポリオでは、下肢は人生初期にもっとも障害が少なく、中度であった。三十五歳までは安定しており、その後下降していた。上肢および体幹でも同様の傾向がみられるが、全体的に下肢よりも軽症であった。

脊髄損傷では、すべての部位が受傷後の五年以内に急激に下降していた。ポリオの二次的悪化に近い曲線は、脊髄損傷では上肢においてみられた。脊髄損傷の上肢は、水平を保ち、受傷後二十年から悪化し始めている。しかし、下肢では全く違う傾向がみられている。受傷後五年で曲線は中度から重度へ急激に下降している。それ以降は下降していない。最初五年の下降が顕著であり、その後改善することがない。この曲線は、脊髄損傷においては回復期や二次的悪化の徴候がみられないことを示している。

図2-3、**図2-4**では、前述した質問項目による二次的悪化の有無別で時系列の障害の変化を比較している。この図では左上肢と左下肢のみを示している。右の傾向も左と同じである。体幹は除いている。なぜなら先行研究では、二次的悪化は主として四肢に焦点が当てられているからである。二次的悪化ありと二次的悪化なしでは、後年の曲線に大きな違いがみられた。

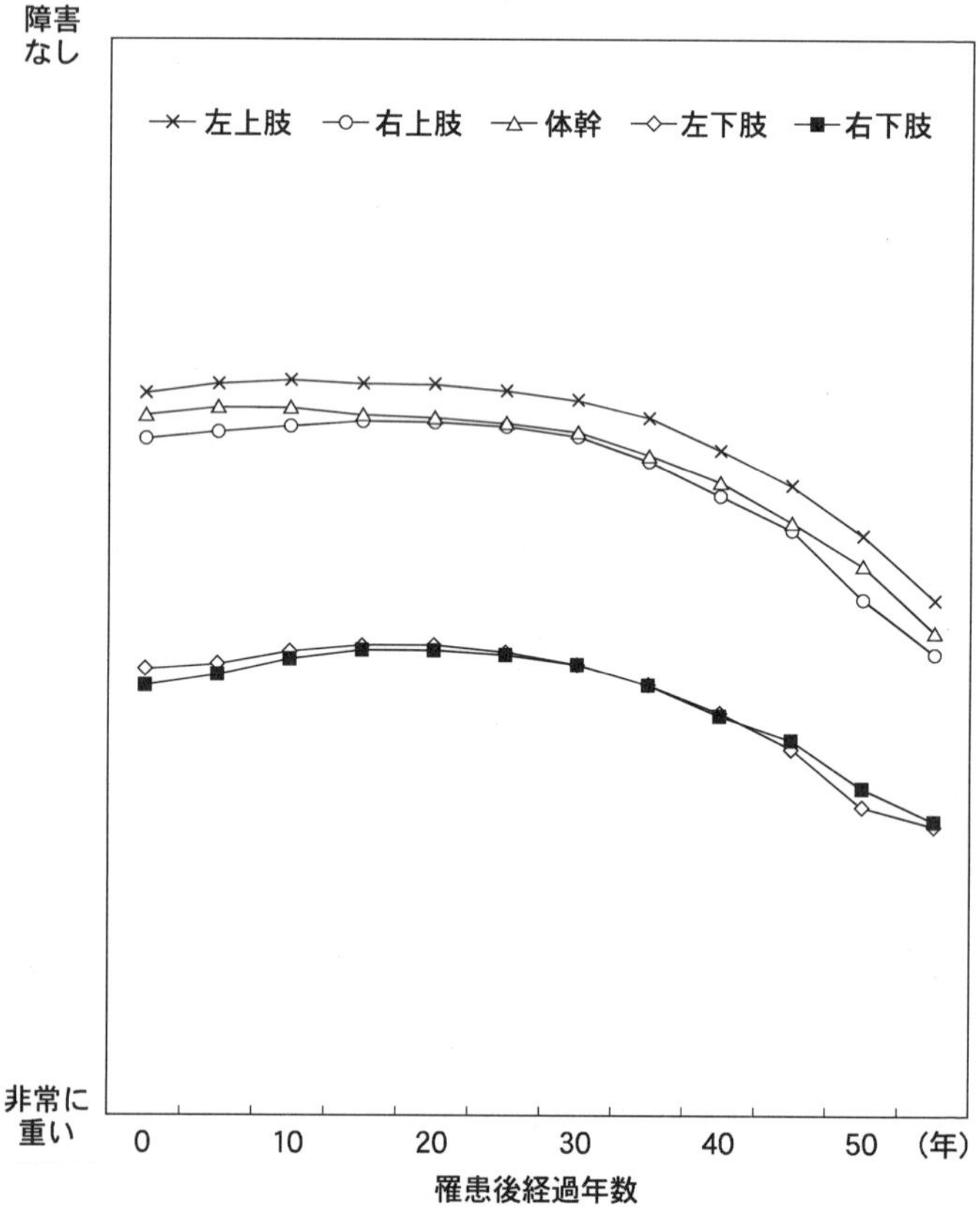

図 2-1　障害基礎調査 VAST：ポリオ

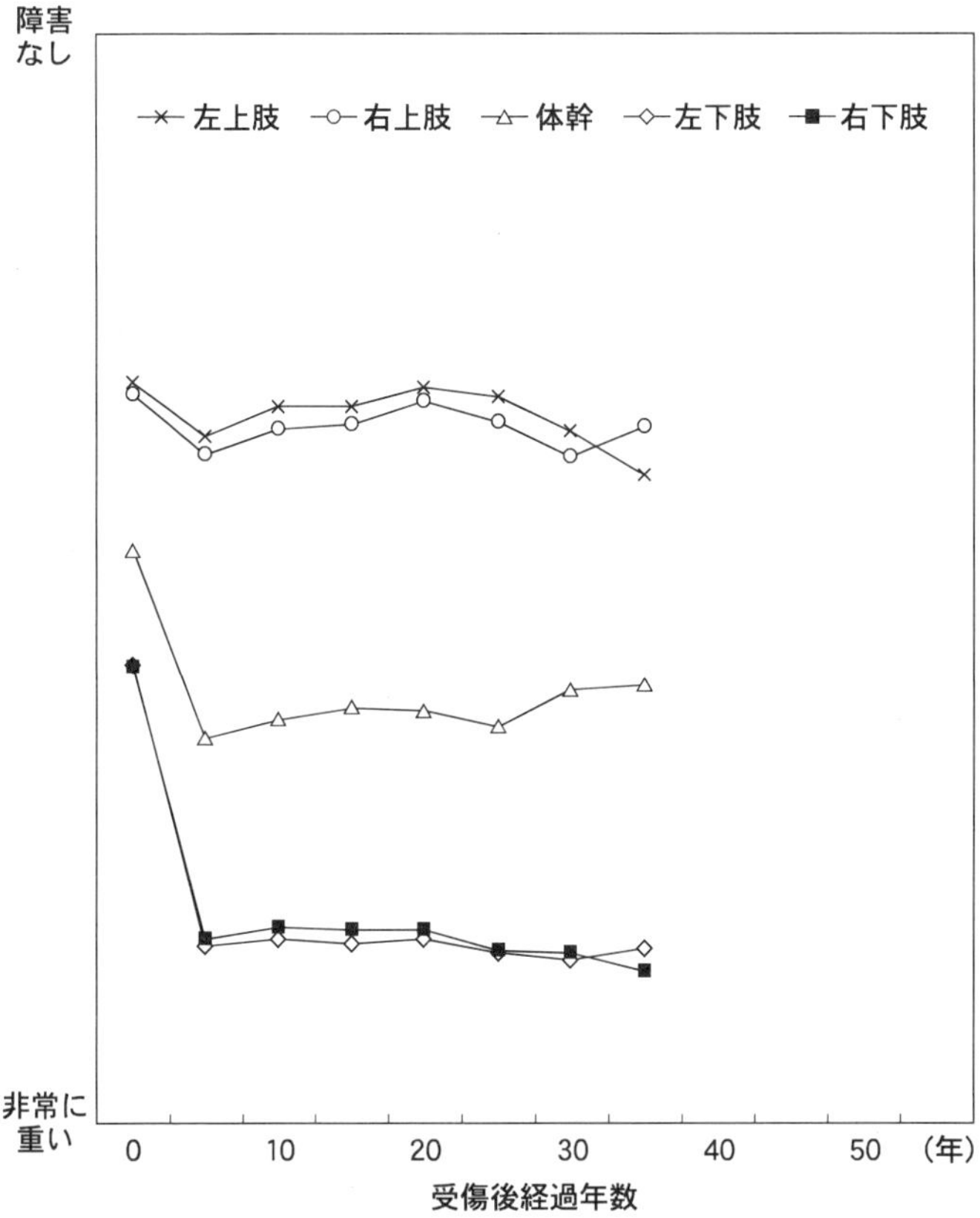

図 2-2　障害基礎調査 VAST：脊髄損傷

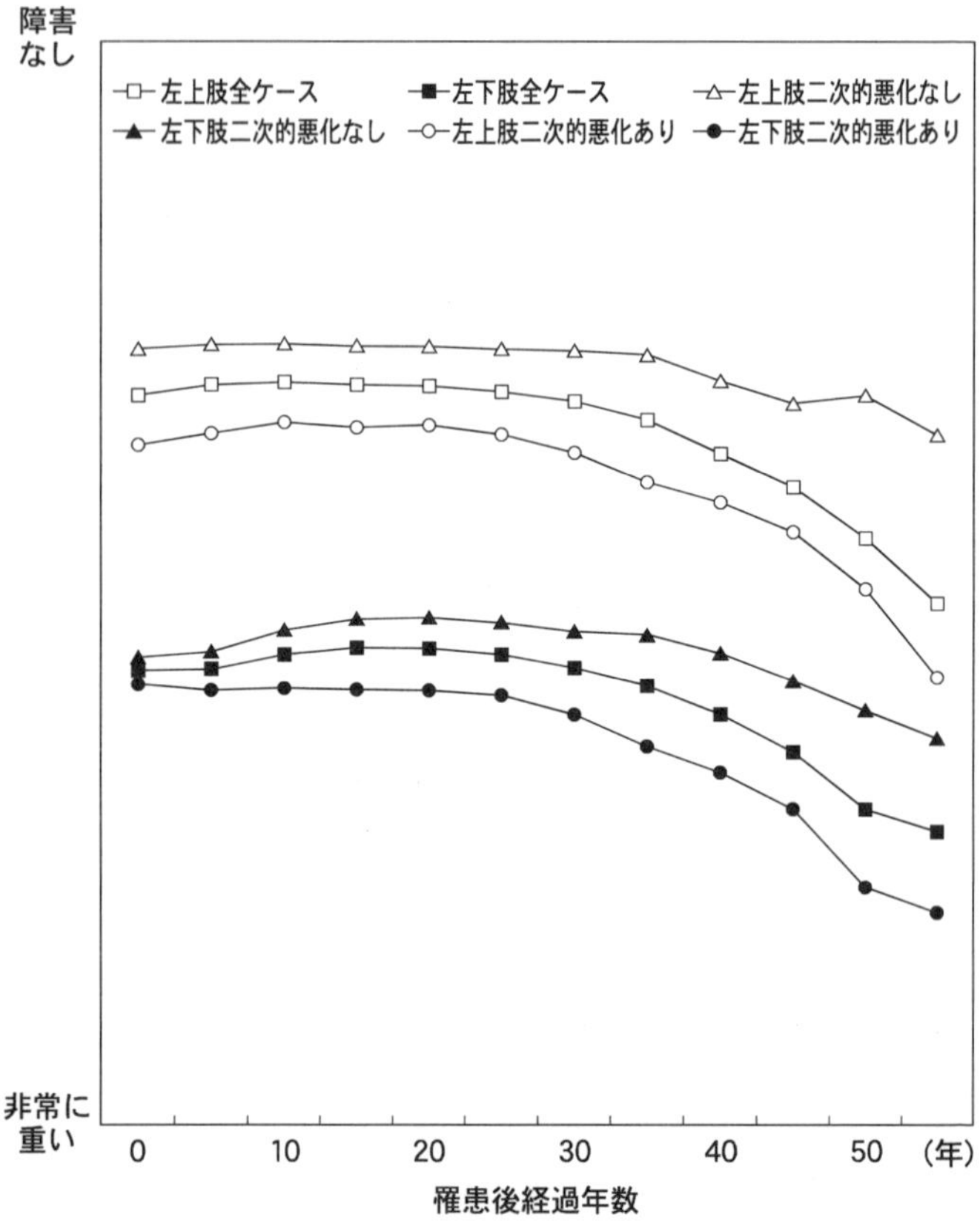

図 2-3　二次的悪化の有無別にみたVAST：ポリオ

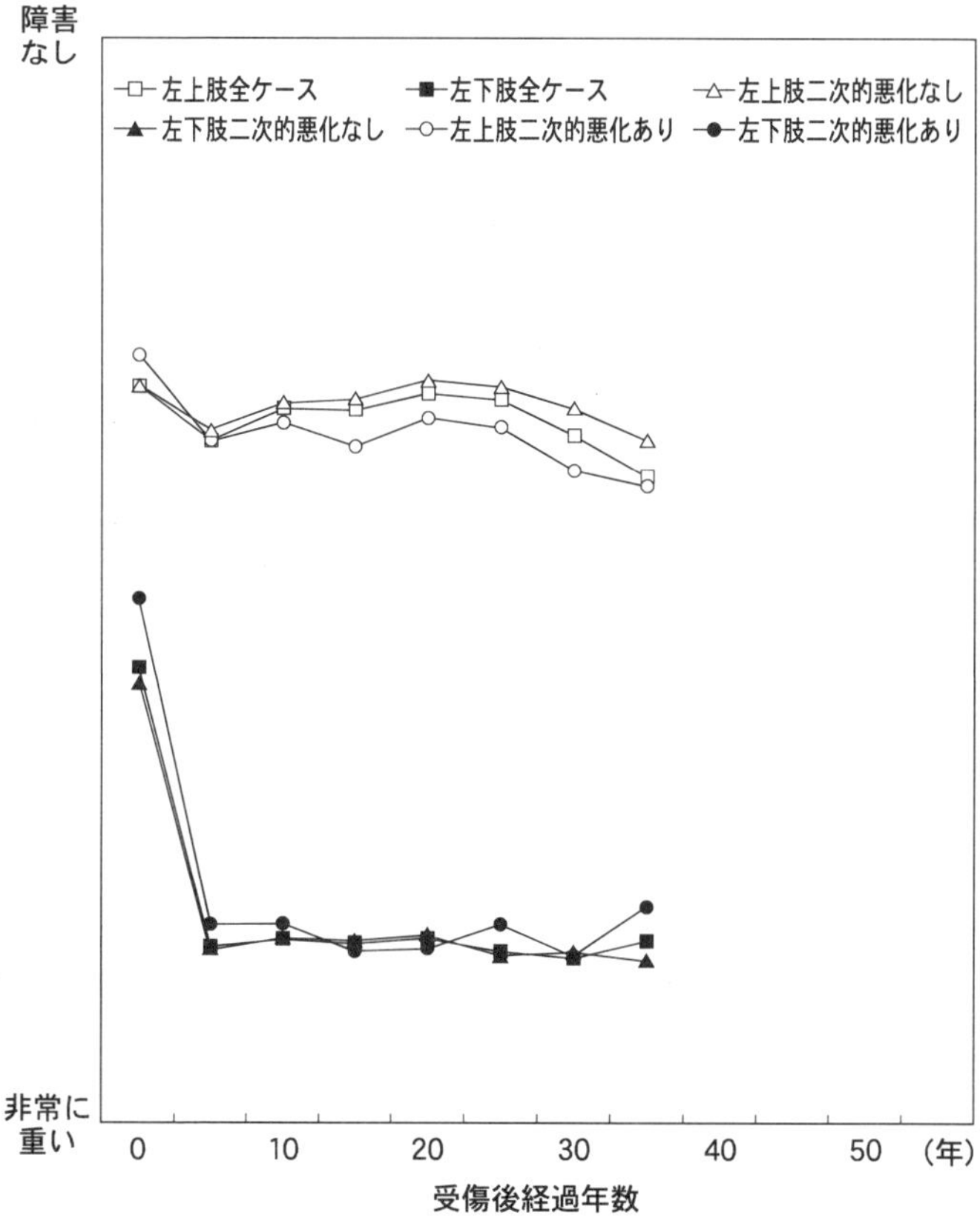

図 2-4　二次的悪化の有無別にみた VAST：脊髄損傷

二―二　社会参加調査

目的

社会参加調査は一九九九年十月から二〇〇〇年三月にかけて行なった。国際障害分類第二版β二案（International Classification of Functioning and Disability. Beta-2Draft；ICIDH-2-β2）の構造に従って、社会参加を中心に、より多面的に障害をとらえ、その実態と経過を把握することを目的とした。

方法

一九九九年十月から二〇〇〇年三月までに調査票を配布・回収した。ポリオについては、障害基礎調査で同意の得られた四九三人の対象者に追加調査の二団体の対象者四八三人を加え、合計で九七六人が対象とされた。脊髄損傷については、障害基礎調査で同意の得られた四二五人の対象者に追加調査の七五六人を加え、合計一、一八一人が対象とされた。

調査票は、ICIDH-2-β2をもとに作成した。二次的悪化と合併症に関する「身体状態」十一項目、「活動状況」十七項目についての介助・補助具の利用状況と困難度、「社会参加」九項目につ

表 2-3　社会参加調査の回答者属性

		ポリオ	脊髄損傷
性別	(男性：%)	35.3	85.1
現年齢	(平均〈歳〉±SD)	53.5±10.0	45.1±14.3
罹患・受傷時年齢	(平均〈歳〉±SD)	2.4± 3.3	30.3±15.3
罹患・受傷後経過年数	(平均〈年〉±SD)	51.1± 9.5	15.2± 9.5

いての制限度、満足度、対処行動、「健康サービス」四項目についての制限度、満足度、対処行動から構成されていた。これらはICIDH-2-β2の「身体機能・構造」「活動」「社会参加」「環境因子」に対応していた。「身体状態」「活動状況」「社会参加」「社会参加満足度」についてVASTの記入を求めた。そしてこれらすべてを統合したものとして、生活全般の満足度として「生活満足度」のVAST記入を求めた。社会参加調査に関しては、このVASTの結果を主に説明する。

結　果

【回収状況】

ポリオでは、五八三票の有効回答を得た。九七六人からの回収率は五九・七%であった。脊髄損傷では五一九票の有効回答を得た。一、一八一人からの回収率は四三・九%であった。

【回答者の属性】

回答者の属性を**表2-3**に示した。ポリオは、性別は男性三五・三%、女性六四・七%と女性が多かった。平均年齢は、五三・五歳であった。罹患時年齢は二・四歳、罹患後経過年数は五一・一年であった。脊髄損傷は、性別は男性八五・一％、女性一四・九％であった。平均年齢は、四五・一歳であった。受傷時年齢は三〇・三歳、受傷後経過年数は一五・二年であった。

【VASTの分析】

社会参加調査に関しては、VASTの結果のみを報告する。

ポリオにおいては身体状態、活動状況、社会参加状況の三つのVASTはほぼ同様の傾向を示し、罹患後の低下から速やかに上昇した。二十五年前後でピークを迎え、その後は下降した。三つのVASTのうち、最も早く下降し始めたのは身体状態であり、続いて活動状況、社会参加状況の順であった。社会参加満足度と生活満足度のVASTは、他の三つのVASTよりも緩やかに、揃って上昇し、三十五年前後で安定した。また、生活満足度の安定は、社会参加満足度が発症後五十年前後で低下し始めた後も保持された。

障害基礎調査では、ポリオでは罹患後約三十年で二次的悪化が急激に増加するとの結果が得られており、本研究での身体状態下降までの期間とほぼ一致していた。活動状況や社会参加状況は身体状態の低下を後追いする形で低下しており、身体状態の影響を強く被っていることが示された。

社会参加満足度と生活満足度という二つの満足度のVASTは、前述の三つのVASTとは傾向を異にしており、身体状態等が低下しても満足度は比較的維持されている。また、罹患後約五十年前後までは社会参加満足度と生活満足度が同様の傾向を示し、この年代までは生活満足度は社会参加満足度とほぼ同一であった。しかしその後、社会参加満足度が低下しても生活満足度は維持された。生活満足度は、身体状態や活動状況、社会参加状況の単なる加算ではなく、ライフステージによって生活満足度の構成要素が異なる可能性が示唆された。

脊髄損傷においては、身体状態、活動状況のＶＡＳＴはほぼ同様の傾向を示した。受傷後の低下から上昇したのちは横這いの期間が続き、三十年前後で下降した。より早く下降し始めたのは身体状態のＶＡＳＴであり、続いて活動状況のＶＡＳＴが低下した。社会参加状況、社会参加満足度と生活満足度のＶＡＳＴは揃って上昇し、三十年前後で一様に下降に転じた。

ポリオでは身体状態、活動状況、社会参加状況の三つのＶＡＳＴと、社会参加満足度と生活満足度の二つのＶＡＳＴが、それぞれ同様の傾向を示した。脊髄損傷では身体状態と活動状況の二つのＶＡＳＴと、社会参加状況と社会参加満足度、生活満足度の三つのＶＡＳＴが同様の傾向を示した。また、ポリオでは、後年、社会参加満足度と生活満足度が分かれたが、脊髄損傷では三つのＶＡＳＴが最後までほぼ同様の経過となった。脊髄損傷にとっては、社会参加満足度と生活満足度がほぼ同義であり、社会参加が改善すれば生活満足度も上昇しうることが示唆された。

また、社会参加状況のＶＡＳＴは、身体状態と活動状況のＶＡＳＴが上昇、または横這いの期間には上昇し続け、身体状態が悪化すればそれに伴い低下した。社会参加の促進には、身体状態等が安定していることが前提となると考えられる。ポリオと脊髄損傷の身体状態と生活満足度のＶＡＳＴを**図2-5**、**図2-6**に示す。

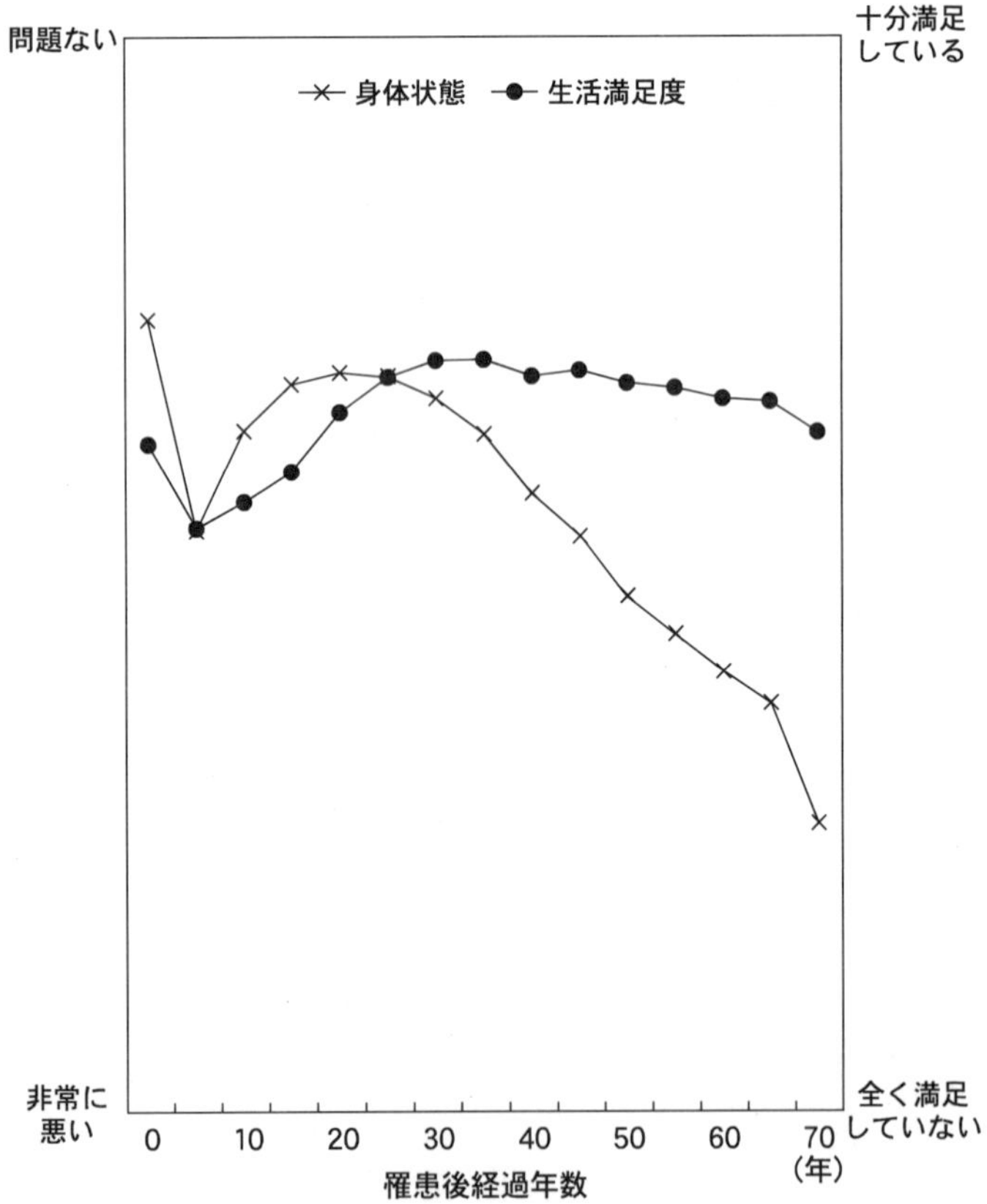

図 2-5　社会参加調査 VAST：ポリオ

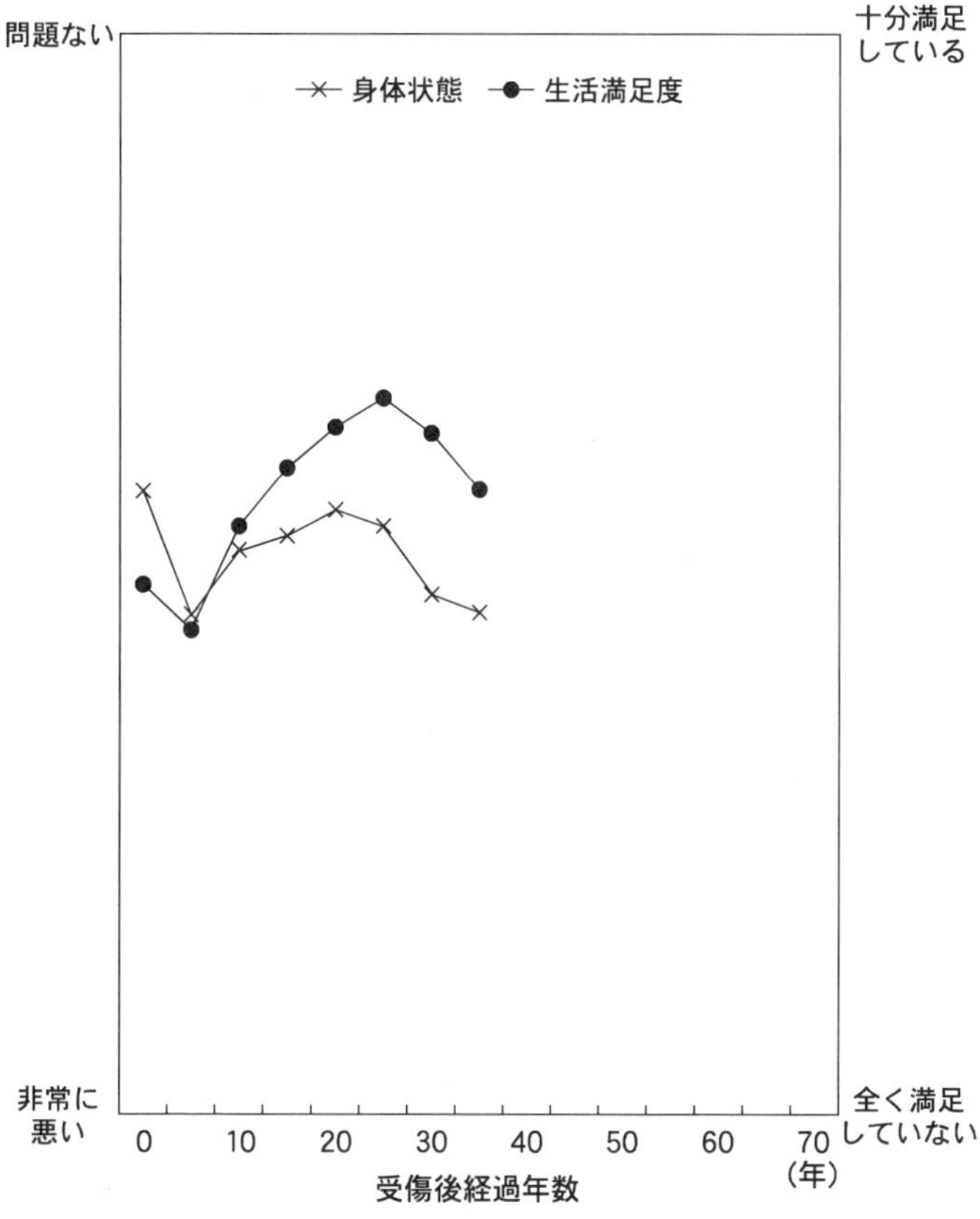

図 2-6　社会参加調査 VAST：脊髄損傷

本項の詳細については、次の論文・報告書を参照されたい。

文　献

Kumakura N., et al. 2002 Self-assessed secondary difficulties among paralytic poliomyelitis and spinal cord injury survivors in Japan. *Arch Phys Med Rehabil*, 83(9), 1245-1251.

矢野英雄他 2001 脊髄障害性運動麻痺のリハビリテーション技術の開発研究、厚生科学研究費補助金障害保健福祉総合研究事業(主任研究者 矢野英雄)平成十年度〜十二年度総合研究報告書

熊倉伸宏他 2003 地域における三次予防の技術開発に向けた後天性脊髄性運動麻痺の疫学研究、文部省科学研究費補助金(研究代表者 熊倉伸宏)平成十三年度〜十四年度研究成果報告書

三　面接法による「語り」研究

藤城有美子・平部正樹

三―一　ロング・インタビュー法による質的研究

生活満足度と障害受容

私たちはこれまで、障害基礎調査、社会参加調査と、障害に関する研究を進めるなかで、身体の構造と機能の次元、活動性の次元、社会参加の次元から、障害を多次元的に捉えようと試みてきた。加えて、それらすべてを総合するものとして、生活満足度という次元を導入することで、本人が自分の生活全体を概観したときにどのように自己評価するかについても明らかにしようとした。このような試みの背後には、障害がありつつ日々の生活を送っている人が、自らの障害をどのように認識し、意味づけ、受け容れているのかを知りたいという動機があった。

障害受容研究の歴史は一九五〇年代まで遡ることができる。米国の精神科医であるグレイソン(Grayson, M. 1951)は、障害受容の要因が二つのカテゴリーに分けられることを示した。一つめは、個人的なパーソナリティ構造に関する要因群、二つめは、社会が障害ゆえに個人に課する要因群である。

デンボーら(Dembo, T. et al. 1956)は、身体障害は不幸(misfortune)であり、不幸とは二種類の価値あるものの喪失であると述べている。第一の喪失は個人的喪失で、今日の機能障害および能力障害に起因する苦悩のこと、第二の喪失は社会的喪失で、社会の否定的態度に悩むことである。個人的喪失の受容は、「価値の視野の拡大」と「比較価値から資産価値への転換」によって成就するというもので、価値転換理論と呼ばれている。デンボーらは、その人の価値を所有価値と資産価値に二分し、他者との比較ではない資産価値を重視して、喪失した価値は所有価値と見なすことで、喪失が受容されるとする。ライト(Wright, B.A. 1960)は、デンボーらの二つの抽象的な価値体系を、より具体的な四つの価値体系に発展させた。「価値範囲を拡大すること(自分が失ったと思っている価値の他にも複数の価値が存在し、それらを自分は依然として保持しているという認識)」「身体的価値を従属させること(外見を気にすることよりも人格的な価値や内面的価値のほうが人間としてより重要だという認識)」「相対的価値を資産価値にかえること(他と比較せず、自分の持っている性質や能力に内在する価値、すなわち資産価値に着眼するという認識)」「障害を与える影響を制限すること(障害の存在が自己の存在全体の劣等性というところまで拡大しないようにする認識）」を挙げている。

一九六〇年代に入ると、障害という喪失体験からは一連の段階を経て回復するという、ステージ理論が広まった。この理論は、精神分析家のフロイト（Freud, S. 1917）が提唱したモーニング・ワーク（mourning work：喪の仕事）の概念の影響を受けていると言われる。モーニング・ワークとは、愛着を満たす対象を失った場合に生じる心理過程について述べたものである。心理学者でポリオ・サバイバーでもあるコーン（Cohn, N. 1961）は、突然の身体障害を受けた患者が障害受容に至るプロセスとして、「ショック」「回復への期待」「悲嘆」「防衛」「適応」の五段階モデルを提唱した。また、心理学者のフィンク（Fink, S.L. 1967）は、外傷性脊髄損傷によって機能不全に陥ったケースの臨床研究から、「ショック」「防衛的退行」「自認」「適応」の四段階モデルを示した。障害の受容過程について述べたものではないが、精神科医のキューブラ-ロス（Kubler- Ross, E. 1969）が述べた死の受容過程は、広く知られたステージ理論である。

わが国にグレイソンとデンボーの障害受容論を紹介したのは、高瀬安貞（1956）である。その後、一九八〇年には上田敏が「障害の受容」という論文のなかで、障害受容をリハビリテーションにおける鍵概念とし、障害受容の本質は価値転換であること、そこに至るには、「ショック」「否認」「混乱」「解決への努力」「受容」の五段階を通ると述べている。この論文が、日本のリハビリテーションの領域で障害受容が広く知られる糸口となった。

しかし、障害受容論に対しては、多くの批判もある。ステージ理論に該当しない症例の存在から、欧米では一九八〇年代になると、ステージ理論の妥当性に疑問が投げかけられるようになり、障害受容論自体が衰退していった。日本では南雲直二（1998）が、障害受容がもつ専制性と、障害が与える影響の過小評価、社会の過小評価の三点について指摘している。これは、医療側が患者に障害受容を強要する姿勢、患者の個人的努力や責任で解決すべきものとの誤解に対する警鐘ともいえるだろう。

では、障害受容はもはや無用の概念なのだろうか。前項で示したように、私たちが行なった社会参加調査において、生活満足度についての経時的変化を図示してもらったところ、障害がありながらも生活満足度が上昇している対象者が多数いることが分かった。

障害受容と呼ばれるものが真実達成されたのかは、対象者にも、私たちにも、分からないことかもしれない。しかし、障害がありながら生活満足度が上昇したという事柄について対象者に訊いてみれば、それを通して障害受容が語られるのではないかと考えた。彼らは障害がありつつ生活することの「専門家」である。そこで、次なる研究では、これまで保健・医療・福祉研究の専門家たちが障害受容に関連する要因として挙げてきた事柄が、彼らの生活満足度の上昇に関わっていたかどうかを問うことにした。

研究方法論

質問紙法と面接法

第二章二項で述べたように、これまで行なってきた二回の調査は郵送法による質問紙調査であった。質問紙法では、多数の項目を用意することにより、個人の状態を広く捉えることができる。多人数に同時に実施できるので、大規模な統計処理を行なうことも可能である。その一方で、尋ねる項目や選択肢は研究者によってあらかじめ設定され、対象者はその枠組みに合わせて回答することを求められる。

面接法の利点は、尋ねようとする事象に関して質問紙法より深くまで探究することが可能なことである。質問紙法では拾いきれない微妙なニュアンスのやりとりも可能になる。しかし、調査状況を統制しにくいこと、通常は個別に行なわれるために時間を要すること、分析にあたって分析者の主観が入り込むことなどが、問題として指摘されてきた。

二度の質問紙調査を経て私たちの問題意識は、障害受容という非常にデリケートな領域に絞られていった。このような問題についての対象者の価値観や個人的経験を、専門家の先入観にとらわれずに引き出すには、直に顔を合わせて言葉を交わし合う面接調査でなければ難しいだろうと考えた。また、質問紙調査では、対象者の回答から、障害を悪化させるリスク・ファクターについて統計的に分析し探索することになるが、面接調査では生活満足度を上昇させたファクターについて直接訊くことができるだろうと考えた。さらに、これまでの調査の経過で、当事者からも、「自分たちの生の声を聞いて欲しい」という要望が寄せられていた。そこで、次の調査はオープンエンド（Open-ended）のインタビューを行なうこととした。

近年、社会科学の分野で発展した質的研究の手法が、保健・医学領域でも盛んに用いられるようになっている。数値・量を重視した従来の研究方法（量的研究）では扱えない質的なデータを採取・解析できる研究方法（質的研究）として注目されている。質的研究のなかでインタビューなどから得られた言語データを扱う方法としては、グレイザーとストラウス（Glaser & Strauss）が一九六〇年代以降開発したグラウンデッド・セオリーがよく用いられており、日本にも紹介されている。本研究で参考にしたマクラッケン（McCracken, G. 1988）のロング・インタビュー（Long Interview）法は、グラウンデッド・セオリーを基にして確立された方法である。データ採取の方法から解析方法まで、ある程度構造化されていることが特徴であり、今回の研究の特性に適していたためにこの方法を参考にした。

ロング・インタビュー法による研究

ロング・インタビュー法は、研究の対象が社会・文化的事項、個人的経験などの場合に用いるのに適している手法であり、オープンエンドの問い（Open-ended questionnaires）を用いた半構造化面接である。オープンエンドの問いというのは、はい・いいえや選択肢などのようなクローズドな回答を求めるものではなく、研究者側からの問いかけに対して回答者が自由に答えられるような問いのことである。

ロング・インタビュー法では、対象者を単なる情報源と見なすのではなく、最終的に得られる情報は、先行研究、研究者自身、対象者のダイナミクスによる収束点であると考える。これは、三つのカルチャー（culture：文化・知識・素養）の理解、すなわち、先行研究の文献レビュー（著者のカルチャーの理解）、研究者自身のカルチャーの理解、インタビュー（対象者のカルチャーの理解）を通して結論に至る、という理念を背景にもった研究手法である。以下に、マクラッケンによるロング・インタビュー法のステップを示す。ロング・インタビュー法は、大きく四つのステップから成っている。

第1ステップ　分析的なカテゴリーのレビュー（Reviewing analytic categories）
方法：文献レビューを行なう（literature review）

第2ステップ　カルチャーのカテゴリーのレビュー（Reviewing cultural categories）
方法：研究者自身がもつ潜在的カテゴリーや先行概念について探索する（inventory of researchers' own implicit categories and preconceptions）

第3ステップ　カルチャーのカテゴリーの発見（Discovery of cultural categories）

方法：データを集める（data collection）

3-1　インタビュー・ガイドを作成する（questionnaire construction）

3-2　対象者を選択する（sampling）

3-3　インタビューを行なう（interview process）

3-4　インタビュー・データを書き起こす（transcription）

第4ステップ　分析的なカテゴリーの発見（Discovery of analytic categories）

方法：データの分析（data anarysis）

4-1　発言を同定して注釈を作成する（utterance identification and observations）

4-2　注釈を拡張する（expansion of observations）

4-3　注釈を比較する（comparisons of observations）

4-4　注釈をテーマとして展開する（theme development）

4-5　各インタビューから得られたテーマを比較する（comparison of different interview themes）

本研究で用いた方法は、マクラッケンが行なったロング・インタビュー法と完全に一致しているわけではない。質的研究では、方法論の枠組みこそ厳密に定められているが、固定した手順を厳密に遂行するよりも、むしろ目的本位で柔軟なものである。本研究においても、研究の目的と実情に合わせて方法を検討し、細部に変更を加えながら研究を進めたが、大筋はこのとおりである。

研究グループの構成は、医師八人（うち、公衆衛生および精神医学専門の者五人、ポリオ・脊髄損傷専門の者三人）、公衆衛生研究者二人、心理士四人の合計十三人から構成された。うち九人は障害基礎調査・社会参加調査から継続して関わっている者であった。

文献レビューではPubMedというデータベースから下記のような検索語で文献検索を行なった。

脊髄損傷：spinal cord injury AND (acceptance of disability OR acceptance process) AND (qualitative study OR qualitative research OR interview)

ポリオ：poliomylitis AND (qualitative study OR qualitative research OR interview)

なお、ポリオでは障害受容もしくは受容過程にあたる語を入れると、検索で該当する論文が見つからなかった。これは、障害受容論が中途障害をモデルとして発展してきたためではないかと考えられる。とりわけ、障害受容のステージ理論が、身体の構造もしくは機能の「喪失」体験を受容していく過程を念頭に置いているために、先天性障害やわが国でのポリオのように物心つく前に障害を負うケースでの障害受容の問題が、盲点となっていたのかもしれない。

分析的なカテゴリーのレビューでは、検索された各文献において、研究の目的として述べられているアサンプション（assumption：前提条件・仮説）、研究を行なう前提になっているアサンプション、研究の背景に読み取れる著者のアサンプションという三種のアサンプションを、研究グループのメンバーが個別に考察した。

その後、研究グループ内でのグループ・ディスカッションにより、カルチャーのカテゴリーのレビューを行なった。研究者自身の障害受容の捉え方、障害受容に関連していると考える要因等について検討した。さらに、先行研究のレビューと、障害基礎調査・社会参加調査で参考とした論文についての再レビュー、研究者自身の考えや目的意識を統合し、面接調査の目的、質問内容、実際の質問項目等について検討した。

インタビュー・ガイドとは、インタビュアーがインタビュー時に使用する台本であり、対象者に対して用いる質問やその手順、留意点等が示されている（巻末資料参照）。ロング・インタビュー法によるインタビューでは、対象者とのラポールを得るための導入の質問（Introductory Questions）と、主要な質問（Grand Tour Questions）があらかじめ定められている。対象者に対してインタビュアーが各グランドツアー・クエスチョンについて問い、対象者がそれに答え、インタビュアーはその答えをさらに深めて問い返す、という手順になっている。

インタビュー・ガイドの作成では、先行研究のレビューとグループ・ディスカッションの結果を踏まえて、まず、主要領域（dominant domains）を同定した。次に、同定された主要領域を基にして六つのグランドツアー・クエスチョンを作成した。今回私たちが作成したグランドツアー・クエスチョンは、生活満足度上昇に特定の要因が関わっていたかについて、先行研究および本研究班の研究者のカルチャーとして挙げられた仮説――「障害の改善」「ハードウェアの改善」「周囲からの受け入れ」「専門家の援助」「本人による障害の受け容れ」「当事者間交流」――の関与を尋ねる質問であった。

私たちはさらに、独自に二つのファイナル・クエスチョンと一つのアディショナル・クエスチョンを作成した。二つのファイナル・クエスチョンは、専門家による六つの仮説のなかではどの要因が最も生活満足度上昇に関わったかを尋ねる質問と、その六つ以上に関わっていた要因があるかどうかを対象者自身に尋ねる質問であった。最後のアディショナル・クエスチョンは、生活満足度という用語についての質問であった。対象者が話した内容について、生活満足度という用語よりももっと適切な言葉があるかどうかについて尋ねた。

実際の全質問文は第一章にも前述したが、重要なので以下に統一して示す。

G1　生活満足度が上がったことには、○○さんの障害の状態が変化したことが関わっていたでしょうか。そのことについて聞かせていただけますか。
G2　生活満足度が上がったことには、装具の改善や、住まい・社会の設備の改善などが関わっていたでしょうか。そのことについて聞かせていただけますか。
G3　生活満足度が上がったことには、○○さんの障害に対する周囲の人の態度が関わっていたでしょうか。そのことについて聞かせていただけますか。
G4　生活満足度が上がったことには、保健・福祉・医療の専門家の援助が関わっていたでしょうか。そのことについて聞かせていただけますか。
G5　生活満足度が上がったことには、自分の障害を受け容れたことが関わっていたでしょうか。そのことについて聞かせていただけますか。
G6　生活満足度が上がったことには、同じ障害を持つ人の存在が関わっていたでしょうか。そのことについて聞かせていただけますか。
F1　では、今までお訊きしたなかで、○○さんの生活満足度が上がったことには、どの事柄が一番大事だったとお考えでしょうか。そのことについて聞かせていただけますか。
F2　今お訊きしたもの以外に、生活満足度が上がったことには、もっと大事な事柄が関わっていたでしょうか。そのことについて聞かせていただけますか。

A1　この調査では、「生活満足度」ということでお話しいただきましたが、より適切な言葉があるでしょうか。

今回のインタビュー調査の対象者は、ランダムではなく、目的指向的に選択した。前回の社会参加調査の回答者のなかから、ポリオでは発症後三十年以上が経過し、かつ生活満足度VASTが現在上昇している者を、脊髄損傷では受傷後十五年以上が経過し、かつ生活満足度VASTが現在上昇している者を抽出したところ、ポリオ五十一人、脊髄損傷四十七人となった。個別インタビュー調査を依頼し、同意が得られた者のなかから、その他の質問項目の傾向や、地理的・日程的条件の合致する者を選択し、結果としてポリオ・脊髄損傷各十人ずつにインタビューを行なった。

二〇〇二年四月末から五月初旬にプレ・インタビューとして各疾患一人ずつ、同年七月から八月の二カ月間に各疾患九人ずつの、計二十人のインタビューを行なった。プレ・インタビューでは、インタビューの終了後に調査に関する意見を詳細に聞き、インタビュー・ガイドの修正を行なったが、各疾患の最初の一人も分析に加えた。インタビューを行なう場所は、対象者の希望を優先した。結果として、対象者の自宅や入所施設、職場、自宅近隣の公共施設、障害者施設、インタビュアーの所属機関等、多岐にわたった。一回のインタビューのインタビュアーは二人から三人で、所要時間は一時間程度であった。インタビューはテープレコーダーでオーディオ・テープに録音し、インタビューの終了後にテープ起こしを行なった。

各対象者のインタビューが終了次第、テープ起こしを行なって、インタビュー内容の書き起こしを作成した。以降のインタビュー・データの解析は以下の手順で行なった。

第4ステップ

〈4-1　発言（utterance）を同定して注釈（observation）を作成する〉

方　法：　各分析者の個人作業

分析対象者：　各対象者

分析するデータ：各対象者のインタビューの書き起こし

作業手順：　書き起こしを各研究者が読み込み、重要と判断した発言を選んでハイライトを付ける。対象となるのは、鍵となる用語、隠喩や価値を含む発言、研究目的や分析的なカテゴリー、カルチャーのカテゴリーに関係する発言である。

次に、ハイライトを付けた発言について、欄外に注釈を付ける。注釈とは、ハイライトを付けるにあたり、重要だと判断した理由や発言に対する分析者の解釈である。

得られるデータ：ハイライトを付けた発言／注釈

〈4‐2　注釈（observation）を拡張する〉

方　法：グループ・ディスカッション

分析対象者：各対象者

分析するデータ：主データ　4‐1で得られた全グループ員分の、ハイライトを付けた発言と注釈

副データ　各対象者のインタビューを録音したテープ

作業手順：グループ員が各自作成した、ハイライトを付けた発言と注釈を読み、ハイライトを付けた発言の箇所が妥当かどうかについて同意に達するまでディスカッションを行ない、確定する。

次に、それに対応する注釈の内容についてもディスカッションを行ない、確定する。

得られるデータ：グループ・ディスカッションで確定された発言（以下、発言と略）／グループ・ディスカッションで確定された注釈（以下、解釈と略）

〈4-3　所見を比較する〉
方　法：　　　　グループ・ディスカッション
分析対象者：　　各対象者
分析するデータ：主データ　4-2で得られた発言と注釈
　　　　　　　　副データ　4-1で得られた全グループ員分の、ハイライトを付けた発言
　　　　　　　　と注釈
作業手順：　　　発言を参照しながら注釈を相互に比較し、類似のものをまとめてカテゴ
　　　　　　　　リー化する（同一の発言や注釈が複数のカテゴリーに含まれても構わな
　　　　　　　　い）。
　　　　　　　　作成したカテゴリーに見出しを付ける。
　　　　　　　　カテゴリーの見出し、分類された注釈、それに対応する発言の三層構造の
　　　　　　　　サマリーを作成する。
得られるデータ：注釈を分類しまとめたもの／カテゴリーの見出し／サマリー

〈4-4　注釈をテーマとして展開する〉
方　法：　　　　グループ・ディスカッション

分析対象者：　各対象者
分析するデータ：主データ　4-3で得られたサマリー
　副データ　4-1で得られた全グループ員分の、ハイライトを付けた発言と注釈
作業手順：サマリーを参照し、各カテゴリーにおいて発言と注釈から潜在的テーマ(possible theme)を抽出する。
　抽出した潜在的テーマを他のカテゴリーの発言や注釈と照合し、そのテーマが各対象者の話のなかで、研究の問いに対する答えが導き出せるようなものであるかどうかをグループ・ディスカッションする。
　複数のテーマの関係性を図示し、特に重要なものをメインテーマ、それに従属するものをサブテーマとして確定する。
得られるデータ：テーマ／カテゴリー化された発言と注釈から抽出された、各対象者のなかでの研究の問いに答えを与える、対象者の話の中核となる主題。

〈4-5　各インタビューから得られたテーマを比較する〉
方　法：　グループ・ディスカッション
分析対象者：　全対象者

分析するデータ：各対象者のインタビューから得られたテーマ

作業手順：得られたテーマを他の対象者から得られたテーマと比較検討し、必要に応じて変更・統合を行ないながら展開する。

同様に、カルチャーのカテゴリーと比較検討して展開し、テーゼ（thesis）とする。

テーゼを分析的カテゴリーと比較検討し、理論（theory）へと発展させる。

得られるデータ：テーゼ／理論

つまり、第4段階までは、インタビューを受けた各対象者個人についての分析であり、第5段階で、疾患別の対象者間比較と、疾患間比較をしながら、全体の結果へとまとめていくという流れである。新たなインタビュー・データの分析は、それまでのデータ分析結果に追加・統合する形で行ない、かつ各対象者間で常に分析結果を比較しながら研究を進めていった。この流れを**図2-7**に示す。

なお、分析には、プレ・インタビューの解析時のみ研究グループ全員が分析者として参加し、その後は各対象者につき三人から四人が分析者として分析を行なった。うち二人の分析者は、

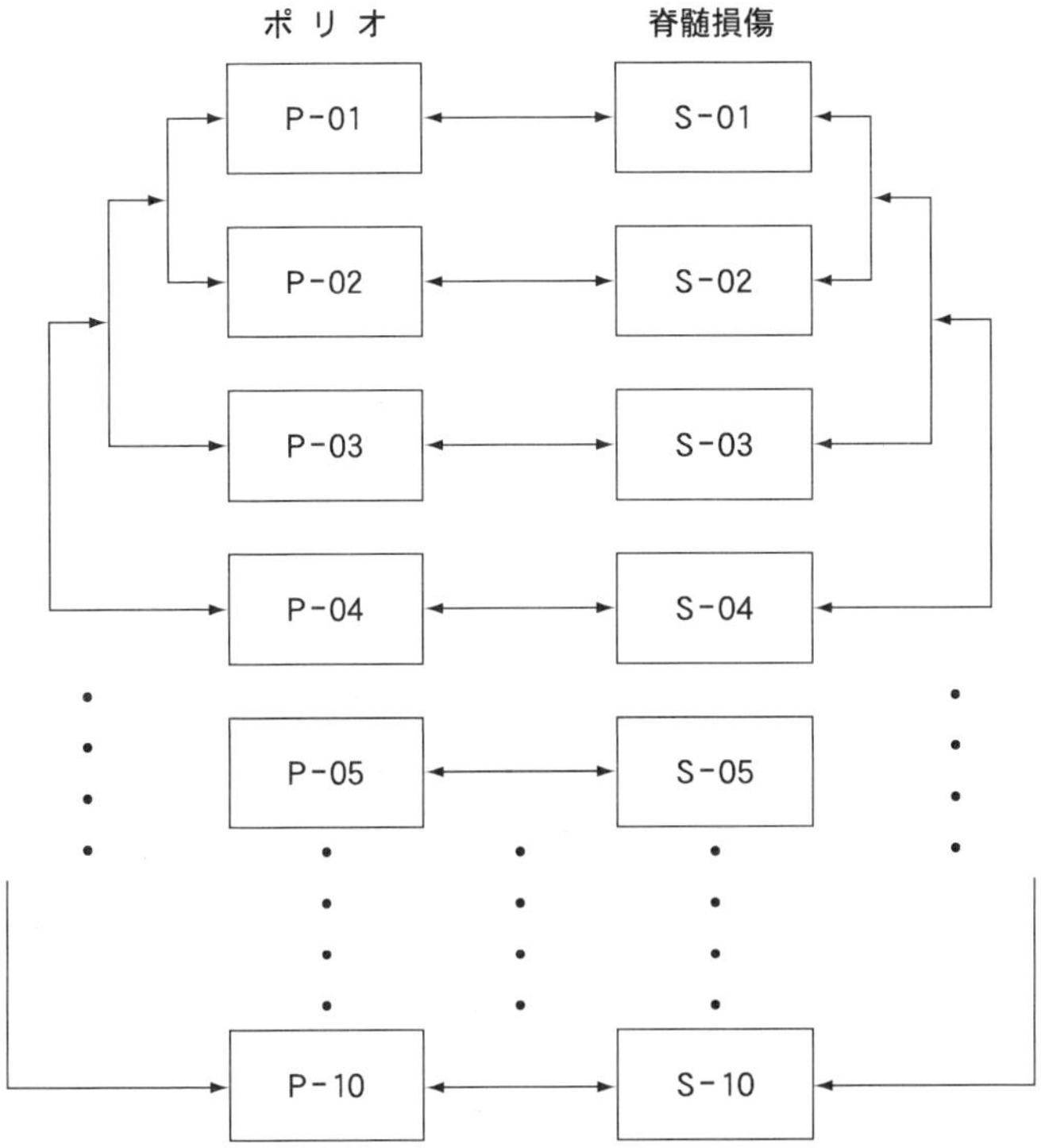

図 2-7　第 4 ステップでの作業の流れ

まず，対象者 P-01，S-01 への各インタビューから，ロング・インタビュー法を用いて生活満足度の変化に関わるテーマを抽出し，ポリオと脊髄損傷の「疾患別テーゼ」を得る。さらに，両者を比較することで「疾患比較テーゼ」を得る。次に，P-02，S-02 へのインタビューから抽出されたテーマを，P-01，S-01 から得られた疾患別テーゼおよび疾患比較テーゼに統合・更新していく。この作業を順次 P-10，S-10 まで繰り返して，最終的な疾患別テーゼと疾患比較テーゼを得る。

全データ分析を通して同一の者とした。また、スプリット・ハーフとして各疾患の五人めまでの時点、および最終分析として十人めまでの時点で、グループ全員で分析結果についてのディスカッションを行なうこととした。

結　論

(1)　抽出されたテーマ

生活満足度の上昇に、グランドツアー・クエスチョンで訊いた六つの仮説が関係していたかどうかについて、各対象者のインタビュー結果を集計した。六つの仮説に対応するグランドツアー・クエスチョンの質問内容は、前述のＧ１からＧ６であった。

ロング・インタビュー法に従って、ポリオ・脊髄損傷の両者のインタビュー内容を分析した結果、得られたテーゼの概要図を図2-8に示す。

抽出されたテーマは三つの層に振り分けられている。第一層にはグランドツアー・クエスチョンの六項目に対応して振り分けられたテーマを挙げた。第二層には、グランドツアー・クエスチョンの六項目に必ずしも対応しないテーマを示した。第三層には、抽出されたテーマのなかで、生活満足度上昇の中核となる主題であると判断されたものを配置した。つまり、第一層は、先行研究、および本研究グループのディスカッションから導き出された六つの仮説に近く、第二層、第三層となるにつれて、私たちが設定した仮説の枠組みを越えたもの、という意味づけとなる。

ポリオでは、第三層のテーマとして、以下の八項目を抽出し、対象者の語り、および研究者自身のディスカッションにより得た、生活満足度上昇に関わる中核のテーマとした。

①自立の喜びが大事である
②対等につき合うことを望んでいる
③社会の変化で生活が広がる
④障害者自身が能動的に動くことで生活満足度が上昇する
⑤障害という問題を相対化する
⑥障害以外の出来事が転機となる
⑦生活満足度のテーマは時期によって変化する
⑧先の見通しが重要である

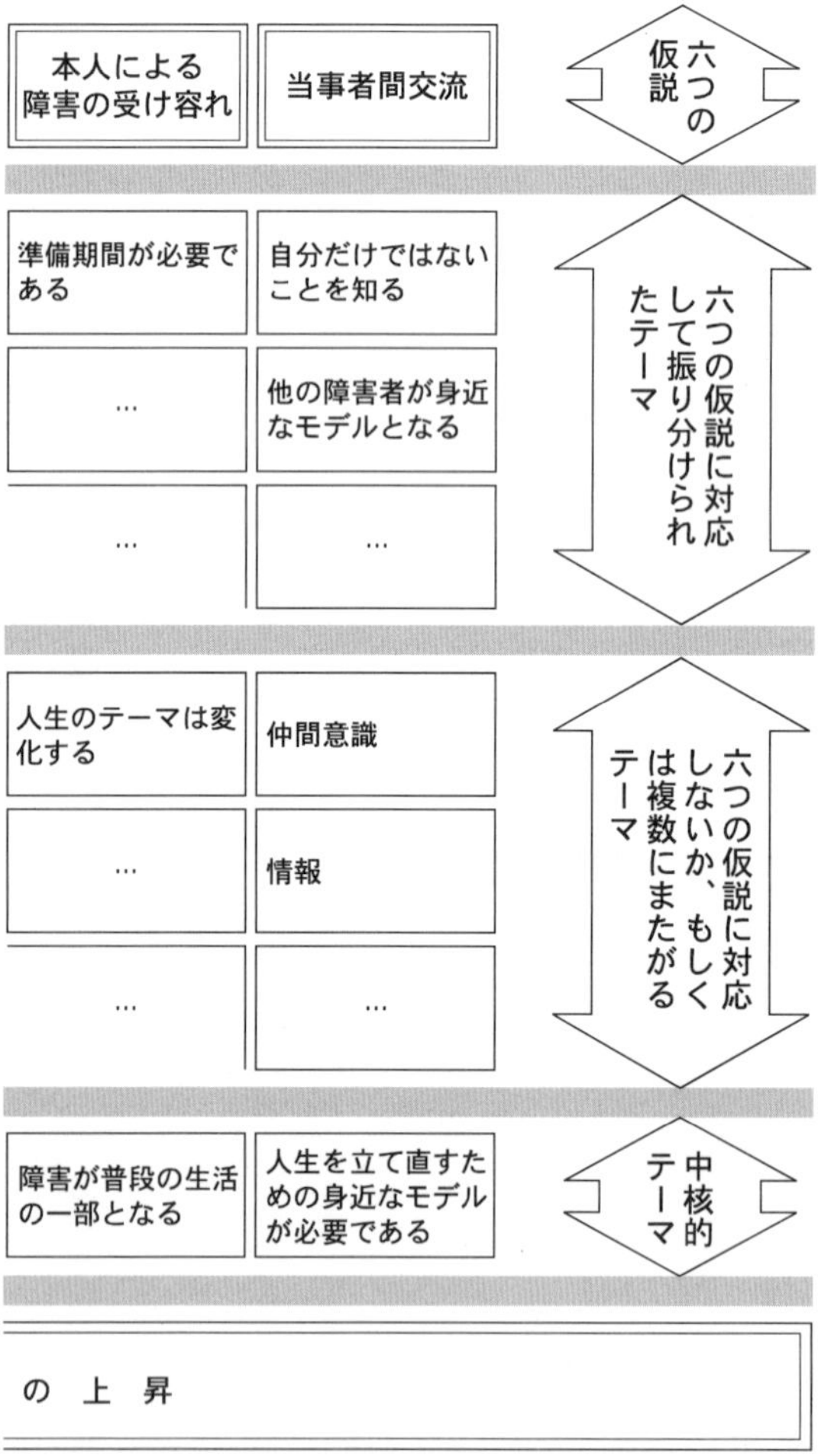

法によるテーゼの概要図

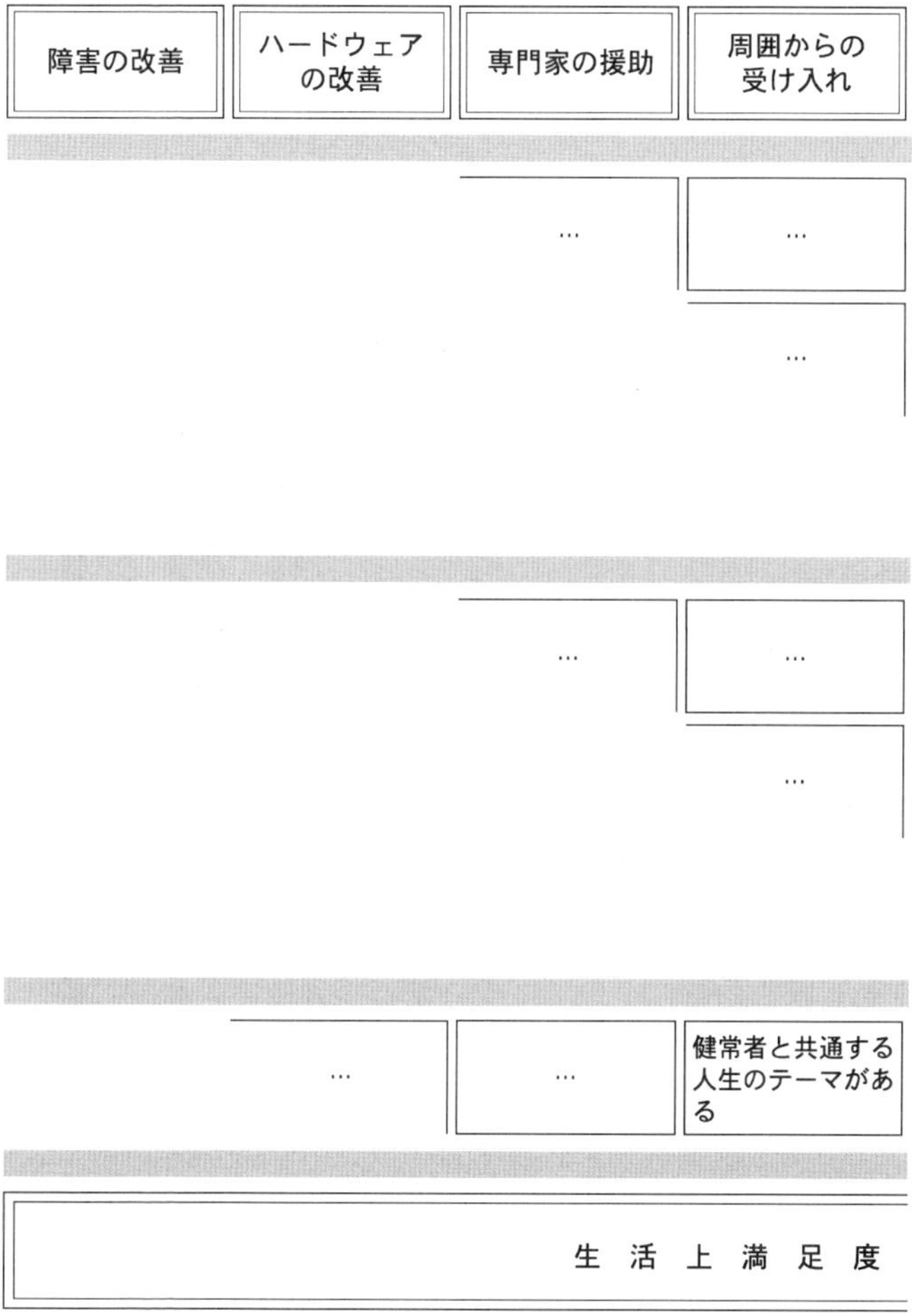

図 2-8　ロング・インタビュー

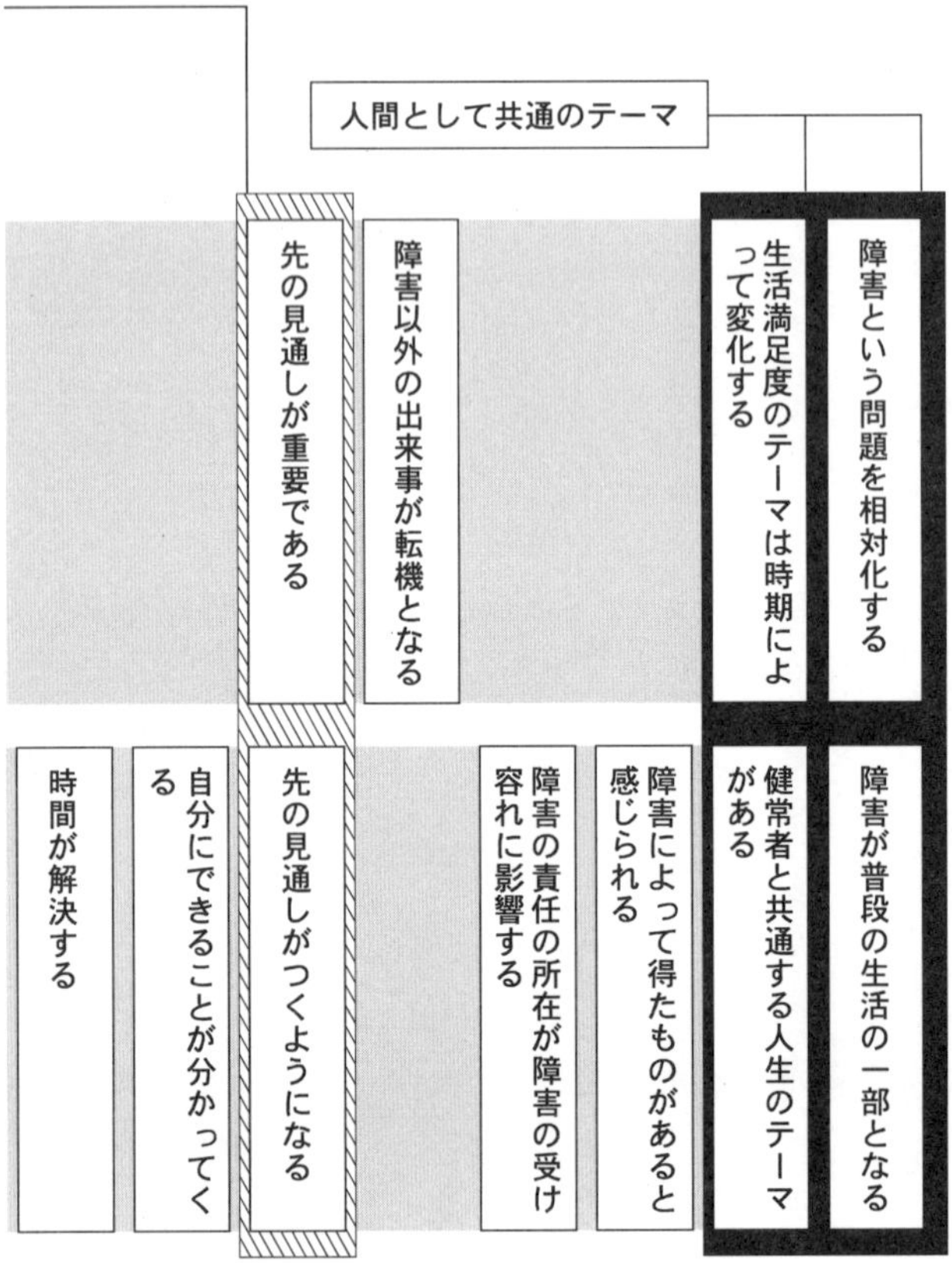

人間として共通のテーマ
障害という問題を相対化する
生活満足度のテーマは時期によって変化する
障害以外の出来事が転機となる
先の見通しが重要である
障害が普段の生活の一部となる
健常者と共通する人生のテーマがある
障害によって得たものがあると感じられる
障害の責任の所在が障害の受け容れに影響する
先の見通しがつくようになる
自分にできることが分かってくる
時間が解決する

疾患間テーマ比較

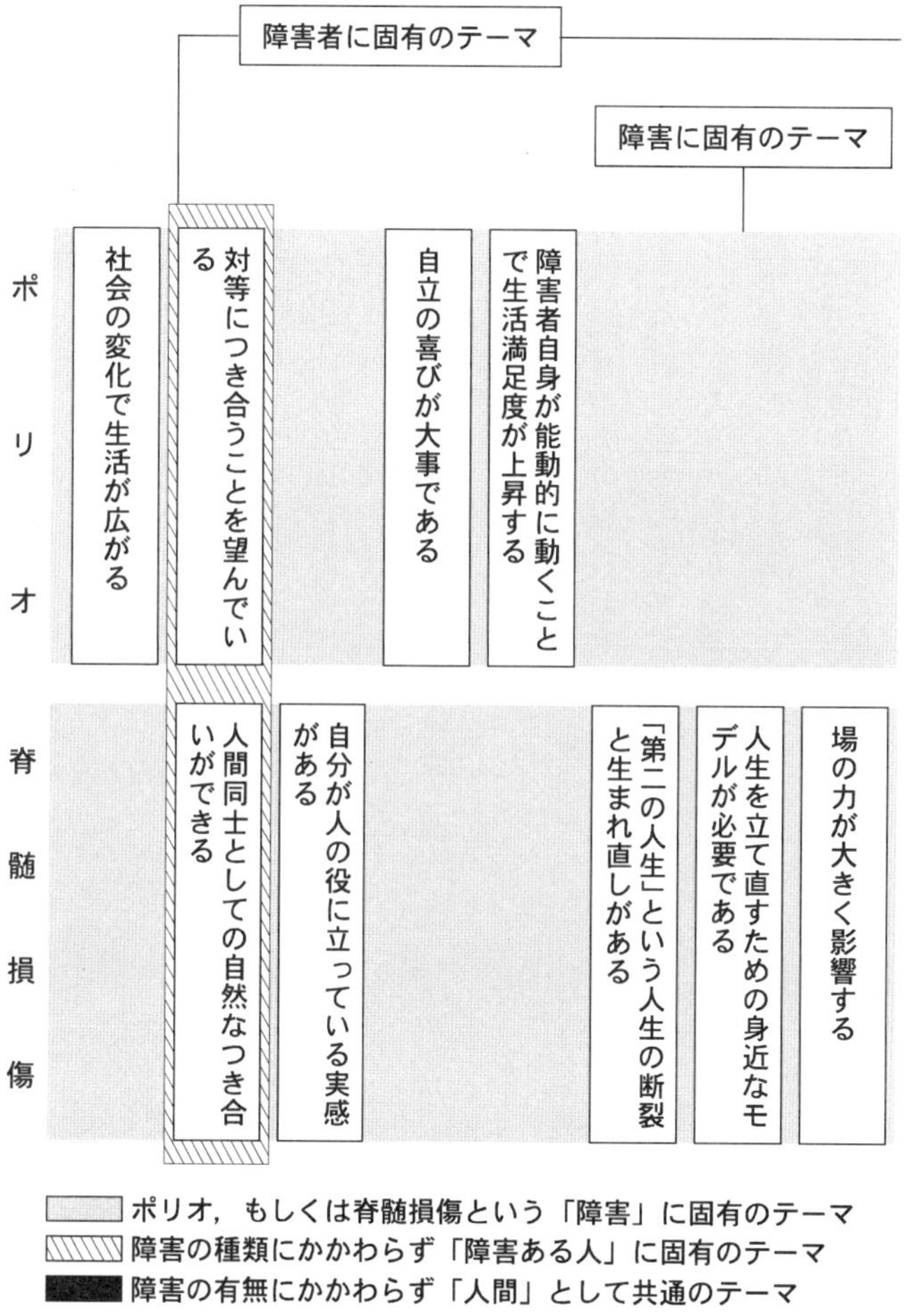
障害者に固有のテーマ
障害に固有のテーマ
ポリオ
脊髄損傷
社会の変化で生活が広がる
対等につき合うことを望んでいる
自立の喜びが大事である
障害者自身が能動的に動くことで生活満足度が上昇する
人間同士としての自然なつき合いができる
自分が人の役に立っている実感がある
「第二の人生」という人生の断裂と生まれ直しがある
人生を立て直すための身近なモデルが必要である
場の力が大きく影響する
ポリオ，もしくは脊髄損傷という「障害」に固有のテーマ
障害の種類にかかわらず「障害ある人」に固有のテーマ
障害の有無にかかわらず「人間」として共通のテーマ

図 2-9　ポリオと脊髄損傷の

脊髄損傷では、第一層で、「本人による障害の受け容れ」と「当事者間交流」に関連して、豊富なテーマが集積された。また、中核となる第三層のテーマとしては、以下の十二項目を抽出した。

①自分にできることが分かってくる
②先の見通しがつくようになる
③人間同士としての自然なつき合いができる
④自分が人の役に立っている実感がある
⑤「第二の人生」という人生の断裂の生まれ直しがある
⑥場の力が大きく影響する
⑦時間が解決する
⑧障害の責任の所在が障害の受け容れに影響する
⑨障害によって得たものがあると感じられる
⑩健常者と共通する人生のテーマがある
⑪障害が普段の生活の一部となる
⑫人生を立て直すための身近なモデルが必要である

次にポリオと脊髄損傷の疾患間比較を行なうために、両疾患の第三層として挙げられたテーマを上下に並べて比較し、対応がありそうなもの同士を配置した。結果を**図2-9**に示す。図2-9より、各テーマは障害に固有のもの、障害の種類にかかわらず障害者に固有のもの、障害の有無にかかわらず人間として共通のもの、の三種に分類されるのではないかと考えられた。以下に分類した結果を示す。

〈障害に固有のテーマ〉

［ポリオ］

①社会の変化で生活が広がる

②自立の喜びが大事である

③障害者自身が能動的に動くことで生活満足度が上昇する

④障害以外の出来事が転機となる

［脊髄損傷］

①自分が人の役に立っている実感がある

②「第二の人生」という人生の断裂と生まれ直しがある

③人生を立て直すための身近なモデルが必要である

④場の力が大きく影響する

⑤時間が解決する

⑥自分にできることが分かってくる
⑦障害の責任の所在が障害の受け容れに影響する
⑧障害によって得たものがあると感じられる

〈障害の種類にかかわらず障害者に固有のテーマ〉
①対等につき合うことを望んでいる／人間同士としての自然なつき合いができる
⇓対等で自然な人間関係
②先の見通しが重要である／先の見通しがつくようになる
⇓先の見通し

〈障害の有無にかかわらず人間として共通のテーマ〉
①生活満足度のテーマは時期によって変化する／健常者と共通する人生のテーマがある
⇓ライフステージの課題
②障害という問題を相対化する／障害が普段の生活の一部となる
⇓生活の再構築

（2）　障害受容に関わる六つの仮説について

二つのファイナル・クエスチョンは、前述のF1およびF2、つまり専門家による六つの仮説のなかでどの要因が最も生活満足度の上昇に関わっていたかと、その六つを越える要因があるかどうかを対象者自身に尋ねる質問であった。

表2-4および**表2-5**は、疾患別に二つのファイナル・クエスチョンに対する各対象者の回答を示したものである。ファイナル・クエスチョンには、ロング・インタビュー法に基づく質的分析ではなく、量的分析を行なった。

ポリオにおいては最も関係していたものとして、「周囲からの受け入れ」と答えた者が四人と多かった。生活満足度の改善において、「周囲の受け入れ」が重要であることが示唆された。しかし、六つの仮説のなかからは挙げなかった者、六つのなかにはないとした者を合わせると同数の四人となり、六つの仮説以外に関わっていることとしては、「結婚」や「人と関わること」を挙げた者が多かった。

脊髄損傷においては、「当事者間交流」を挙げた者が比較的多かったが、複数関係しているという者も同数みられた。生活満足度の上昇を促すのは単一の要件ではなく、いくつかの要因が互いに影響しあって上昇に至る可能性が示唆された。六つの仮説以外で関わっていることは、人に

表 2-4　ファイナル・クエスチョンの回答：ポリオ

対象者コード	六つのなかで最も関与していた仮説は？ 「では，今までお訊きしたなかで，○○さんの生活満足度が上がったことには，どの事柄が一番大事だったとお考えでしょうか。そのことについて聞かせていただけますか」	それ以上に関与していた事柄は？ 「今お訊きしたもの以外に，満足度が上がったことには，もっと大事な事柄が関わっていたでしょうか。そのことについて聞かせていただけますか」
P-01	なし	結婚，人との出会い
P-02	本人の受け容れ	結婚して家族をもったこと
P-03	ハードウェアの改善，周囲からの受け入れ （「社会の変化」と表現）	自分の時間がもてるようになったこと
P-04	周囲からの受け入れ （「結婚」と表現）	努力
P-05	ハードウェアの改善 （「装具」と表現）	両親の支え
P-06	周囲からの受け入れ （「周りの人」と表現）	積極的に人に会うこと
P-07	周囲からの受け入れ，当事者間交流（「周りの人」と表現）	結婚，障害のない子が産めたこと
P-08	なし	信用
P-09	なし	ずっと仕事をしてきたこと
P-10	なし	自分の意欲

対象者コードについているＰはポリオによる障害であることを示している。

表 2-5　ファイナル・クエスチョンの回答：脊髄損傷

対象者コード	六つのなかで最も関与していた仮説は？ 「では、今までお訊きしたなかで，○○さんの生活満足度が上がったことには，どの事柄が一番大事だったとお考えでしょうか。そのことについて聞かせていただけますか」	それ以上に関与していた事柄は？ 「今お訊きしたもの以外に，満足度が上がったことには，もっと大事な事柄が関わっていたでしょうか。そのことについて聞かせていただけますか」
S-01	当事者間交流 (「友人関係」と表現)	経済面の保証
S-02	なし (六つはきっかけでしかない)	自分の変化，達成感
S-03	当事者間交流 (「仲間」と表現)	遊び，楽しみ
S-04	複数関係 (「どれも大きく関与している」と表現)	生活環境の変化，周りからの励まし
S-05	なし	仏法の実践
S-06	複数関係 (「全部が混ざっている」と表現)	スポーツ
S-07	本人の受け容れ (「ふっきれたこと」と表現)	余暇の過ごし方
S-08	なし (「基本的な満足度は他のところにある」と表現)	短期の目標，家庭
S-09	当事者間交流 (「友人，先輩」と表現)	結婚，妻，仕事
S-10	複数関係している (比重としては言えない)	宗教活動により自分の存在価値を認められた

対象者コードについているＳは脊髄損傷による障害であることを示している。

よってさまざまであったが、「宗教」を挙げる者が二人いた。

F1の問いについてはさらに、インタビューの書き起こしデータを読んで、二人の評定者がコンセンサス・ミーティングを行ない、その要因が関わっていると対象者が直接述べていれば三点、直接述べてはいないが文脈から関わっていると判断されれば二点、関わっていないと判断されれば一点、関わっていないと述べていれば零点と評定した。六つの仮説に対する疾患別評定平均値を**図2-10**に示す。

ポリオでは、いずれの要因も生活満足度上昇への関与が低いと感じており、その傾向は「専門家の援助」で特に顕著だった。

脊髄損傷ではほとんどの要因について高い値がみられたが、「障害の改善」についてはポリオと並んで低値にとどまった。三点の評定値が最も多かったのは「当事者間交流」であり、他の障害者との交流が生活満足度の上昇に強く影響すると考えられた。

疾患比較として、両疾患の評定値を用いてMann-Whitney検定を行なった(図2-10)。「ハードウェアの改善」「専門家の援助」「当事者間交流」については有意差がみられ、いずれも脊髄損傷のほうがポリオよりも高値であった(U＝15.5, p＜.005；U＝13.0, p＜.005；U＝16.0, p＜.005)。生活満足度の上昇へのこれらの要因の関与は、脊髄損傷でより大きいことが示唆された。

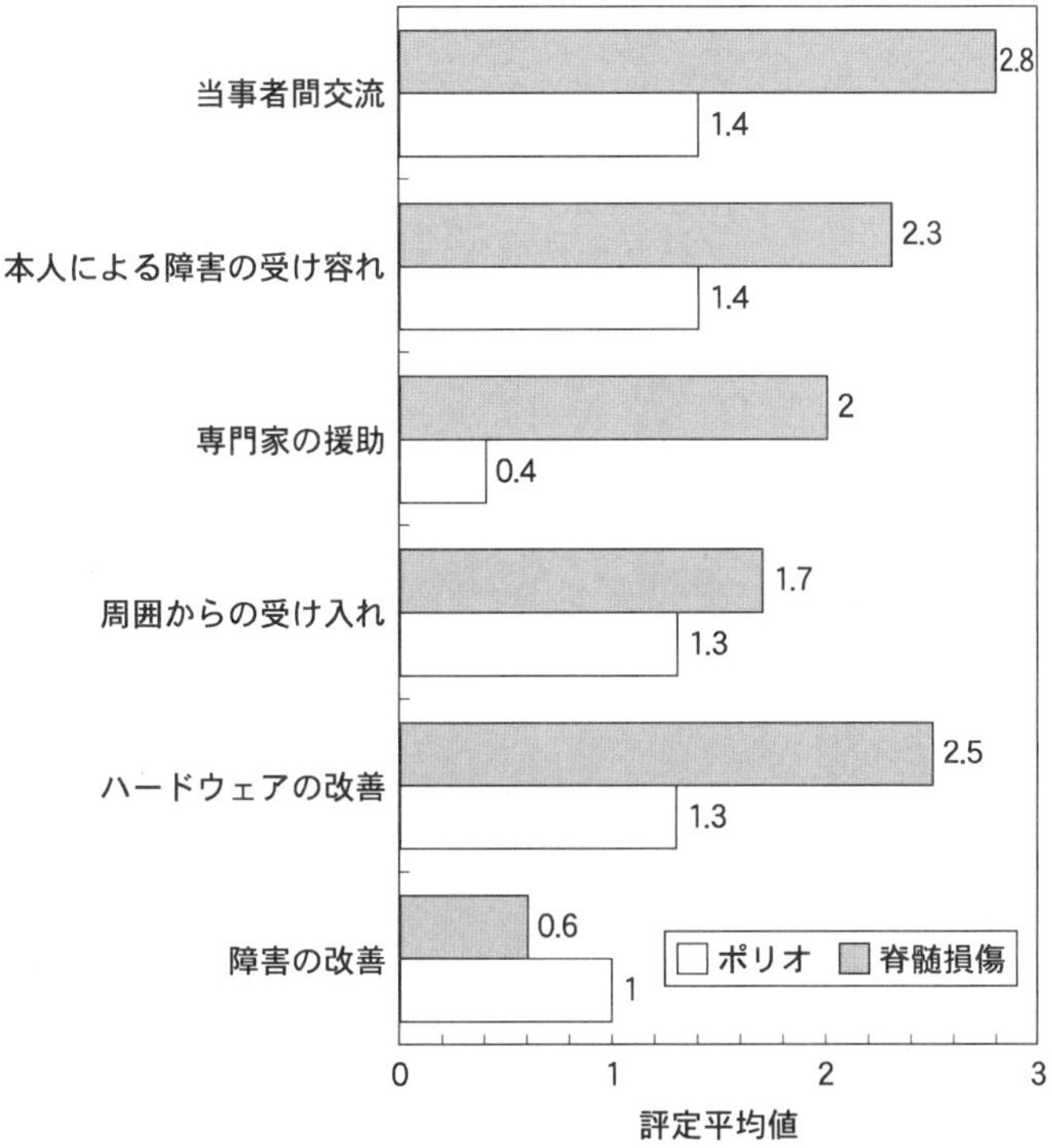

図 2-10　六つの仮説に対する疾患別評定平均値

ただし，対象者が関与したと直接述べている… 3 点，関与したと文脈から判断される… 2 点，関与しなかったと文脈から判断される… 1 点，対象者が関与していなかったと直接述べている… 0 点と評定した。

〈生活満足度という言葉について〉

アディショナル・クエスチョンは、前述のA1である。つまり対象者が話した内容について、生活満足度という用語よりももっと適切な言葉があるかどうかについて尋ねるものであった。アディショナル・クエスチョンの質問内容は、下記の通りである。なお、アディショナル・クエスチョンに対する各対象者の回答を、疾患別に**表2-6**に示した。

ポリオと脊髄損傷において、傾向に違いはみられなかった。生活満足度という言葉が無条件に適切であると答えたのは、ポリオで二人のみ、脊髄損傷では一人もおらず、生活満足度にかわるさまざまな言葉が、各対象者により提示された。そのなかで、「生活」の代わりに「人生」や「生き方」という言葉を提示した者が二人、「満足」の代わりに「幸福」や「幸せ」という言葉を提示した者が三人みられた。

(3) 障害による比較から見えてきたもの——障害概念と生活概念

疾患の特徴として、ポリオの場合は、物心ついたときから障害を抱えつつ成長するため、障害について自己の違和感は少なく、その分、社会の変化に鋭敏である。生活満足度の転機となるのも、障害とは直接関わらない事象である。言い換えれば、障害とは直接関わらない事象に出会う

表 2-6　アディショナル・クエスチョンへの回答

「この調査では，『生活満足度』ということでお話しいただきましたが，より適切な言葉があるでしょうか」			
対象者コード	ポリオ	対象者コード	脊髄損傷
P-01	なし	S-01	なし
P-02	満足よりは充実	S-02	QOL，人生の満足度
P-03	生活満足度という言葉は平均的で良い	S-03	人生満足度
P-04	精神的充足度，充実度，安定度	S-04	満足度
P-05	生活満足度と言わずに，もっとポイントを絞るべき	S-05	なし
P-06	なし	S-06	言葉としては生活満足度だろうが，あまり考えない
P-07	生活満足度はうまい言葉	S-07	生活の幸福度
P-08	なし	S-08	目標達成，自分の幸せの尺度
P-09	なし	S-09	ハード面と精神面の満足度
P-10	幸せ，生きている価値	S-10	生き方満足度，意識満足度

対象者コードについているＰはポリオ，Ｓは脊髄損傷による障害であることを示している。

ことによって、自分の障害を理解し直す過程があるのではないかと考えられる。また、幼い頃から障害を負い、周囲からは保護される受け身の存在として生育することで、成長過程では、自立や能動性の発揮が重要な課題となってきている。

　一方、成長後に受傷する脊髄損傷では、自分の人生が突然断ち切られたことをはっきりと意識しており、多くのものを喪失したと感じている。赤ん坊のように無力な存在となったと感じ、生きていくのに必要な事柄をひとつひとつ再学習することを要求される。そこでは、「第二の人生」で生まれたばかりの存在を抱える場の力が重要である。また、身近なモデルの存在が有用となる。徐々に自分のできることが増え、処し方が分かってくるには、それなりの準備期間が必要となる。さらに、自分の人生のなかに障害体験を組み入れ、自分の存在を肯定し、受傷を単なる断裂でなく意味のある体験とすることで、生活満足度が上昇すると考えられる。

　対等で自然な人間関係は、障害の種類にかかわらず障害者に固有のテーマであった。当初用意した研究者側の仮説では、「周囲からの受け入れ」と「当事者間交流」を別項目として立てていたが、インタビューの分析により、どちらも「対等で自然な人間関係」の要素を含んでいることが明らかになった。つまり、周囲から受け入れられるということは、障害者として特別扱いされずにつき合えるということであり、当事者間交流については、気を遣わずにごく自然な対等なつき合いができる場であることが、インタビューのなかで指摘されていた。また、先の見通しがつくことも、障害の種類にかかわらず重要な要件となっていた。

その他に、就職や結婚、子育てなど、ライフステージに沿った課題は、障害の有無にかかわらず、人が共通して経験する課題であった。また、障害という問題が特化せずに、人生で出会うさまざまな困難のひとつとして相対化されることが、インタビューのなかで指摘された。これらは「障害者の生活満足度」よりさらに根本に存在する、人間としての満足度について語られたものと理解された。障害概念は、当事者にとっては生活概念であることが明らかになった。

三―二　情報伝達

情報伝達の成立条件

情報伝達には「送り手」「媒体」「受け手」の三つの要素が存在する。

送り手―媒体―受け手

抽象的存在である「情報」は、物理的手段である文字や図形、音響などの形態に変換することで、送り手から受け手へと伝達される。そして、情報は、

①その情報が伝達され

②伝達された情報が理解され
③目的とする活動が達成される
ときに、初めて情報としての意味をもつようになる。

情報を送り手の特性で分けると、「当事者情報」と「第三者情報」の二種類に分類することができる（畠、1994）。

当事者情報とは、組織や個人が自分自身に関して提供する情報をいう。つまり、情報の送り手が情報の提供者と同一である場合である。このような情報の送り手は、自分が情報を提供する事柄について熟知している。また、伝達する内容やその表現形式を、送り手が比較的自由に選択することができる。その一方で、伝達された情報には意図的、無意図的な偏りが生じることもある。当事者情報の例としては、自己紹介、履歴書、自伝などが挙げられる。

これに対して、第三者情報とは、自分自身とは直接の利害関係のない情報を提供する場合をいう。情報の送り手が提供者とは異なっているため、伝達する内容を送り手が客観的に検討できる。一方で、情報の提供者が伝えたかった微妙な内容を送り手が取りこぼしたり、形式に縛られたりすることもある。学術論文や調査報告書などがこれにあたる。

送られた情報が有用な存在となるためには、送り手側の課題として、

①目的がはっきりしていること

②目的達成に有効な情報を選択していること

が挙げられる。

受け手側の課題としては、

①送られてきた情報の目的を正しく理解していること

が重要である。

さらに、送り手と受け手の両者が、その情報を送受信する価値を共有している必要がある。

媒体とは、情報を搬送するものをいう。情報の内容は無形のものであり、その表示・認識の方法は文字や画像のようなパターンに依っている。文字・画像は、印刷などの手段で媒質上に有形化され、さらに、資料（material）の形態に作成される。その主なものが印刷資料である。

媒体には、発行者が公に刊行することを意図した「公刊媒体」と、内部もしくは特定者以外には内容の伝達を拒否している「内部媒体」とがある。また、公刊媒体でも、通常の市場で入手できるものと、そうでないものとに分けることができる。前者を「市販資料」といい、後者を「非市販資料」と呼んでいる（仲本、1985)。

・公刊媒体　（公に刊行することを意図したもの）

市販資料（市販されているもの）
非市販資料（市販されていないもの）
・内部媒体（特定者以外には内容の伝達を拒否したもの）

「聞き手は誰か」――障害福祉研究

では、私たちが行なってきた研究では、誰が情報の送り手で、また、誰がその情報の受け手だったのだろうか。そして、そこでの媒体は何なのか。

最初に行なった郵送法による質問紙調査――障害基礎調査と社会参加調査――では、以下のような三種の情報伝達が行なわれたと考えられる。

対象者から研究者への調査票での回答
一、　対象者―調査票―研究者

研究者から対象者に対して行なわれた結果のフィードバック
二、　研究者―報告書―対象者

研究者から他の研究者に対して行なわれた研究成果の発表

三、　研究者―学会発表、論文、報告書―研究者

次に私たちが行なったのは、面接法による「語り」研究である。

ここで用いたロング・インタビュー法は、対象者が単なる情報源ではなく、対等な研究協力者であることが明確に意識される手法であった。私たちが障害保健福祉の専門家であるのと同様、彼らは障害がありつつ生きることの専門家であった。また、私たちの背後には、多くの先行研究を成した専門家たちが存在しており、インタビューでの出会いは、専門家集団、本研究の研究者、当事者という三種の専門家同士の出会いとなった。ここでは三者が互いに情報の送り手・受け手となっており、そのような情報伝達の媒体として本研究を位置づけることもできる。

また、インタビュー調査の開始にあたり、対象者の方々にインタビューをお願いしたとき、私たちは拒否されたり、渋られることが多いだろうと予想していた。しかし、蓋を開けてみればそのようなことはほとんどなく、多くの方が実に快く協力して下さったのには驚くほどだった。皆さんが理由として挙げたのは、「自分の体験が他の人の役に立つなら」というものであった。インタビューでの対象者は、研究者としてのインタビュアーに語っているのと同時に、インタビュアーを通して、他の障害者や（当事者間情報伝達）、障害のない一般の人びと（社会）に向かって語りかけていたのである。

よって、「語り」研究では以下のような二種の情報伝達が行なわれたと考えるほうが妥当であった。

一、専門家集団・本研究の研究者・当事者―本研究―専門家集団・本研究の研究者・対象者

二、当事者―本研究―研究者、当事者、社会

いずれにしても、このような「語り」研究では、研究そのものが伝達媒体となっている。

結論

では、媒体はどのような形態の資料（material）とすることが適当なのであろうか。「語り」研究でも郵送法による質問紙調査のときと同様、学会発表や論文、報告書も資料の形態として用いられた。しかし、これだけでは、研究協力者への知見のフィードバックと研究者同士の情報交換に留まり、当事者間情報伝達や社会への伝達が含まれていない。

当事者間情報伝達だけであれば、リーフレット等の非市販資料を作成し、配布するという手段もあるだろう。しかし、受け手に「社会」という一般の人の集団を想定したときには、市販資料

の形態、つまり一般書籍での出版が最も効率的であろうと考えた。
私たちは、障害者の障害受容について研究していたつもりであった。研究を進めていくうちに、それは障害者というだけでなく、大きな困難に出会った「人」としての生き方、人生についての「語り」を聞いているのだということに気づくことになった。このような転換は、質問紙調査のみからでは得難い、貴重な体験であった。

本項の詳細については、次頁の論文・書籍を参照されたい。

文　献

Grayson M. 1951　Concepts of "acceptance" in physical rehabilitation. *Journal of the American Medical Association*, 145, 893-896.

Dembo T. Leviton G.L. & Wright B.A. 1956　Adjustment to misfortune : A problem of social-psychological rehabilitation. *Artificial Limbs.*, 3(2), 4-62.

Wright B.A. 1960　*Physical Disability : A Psychological Approach.* Harper & Brothers Publishers, New York.

Freud S. 1917　*Trauer und Melancholie.*（井村恒郎〈訳〉1970『フロイト著作集六』「悲哀とメランコリー」人文書院，京都）

Cohn C. 1961　Understanding the process of adjustment to disability. *Journal of Rehabilitation,* 27, 16-18.

Fink S.L. 1967　Crisis and motivation : A theoretical model. *Archives of Physical Medicine and Rehabilitation,* 48(11), 592-597.

Kubler-Ross E. 1969　*On Death and Dying.* Macmillan Company.（キューブラ-ロス・E　川口正吉〈訳〉1971『死ぬ瞬間』読売新聞社，東京）

高瀬安貞 1956　『身体障害者の心理――更正とその指導』白亜書房，東京

上田　敏 1980「障害の受容――その本質と諸段階について」『総合リハビリテーション』八、五一五-五二一頁。
南雲直二 1998『障害受容――意味論からの問い』荘道社、東京
McCracken G. 1988 *The Long Interview.* Qualitative Reseach Methods Series 13. SAGE Publications, Inc.
畠弘巳 1994「第四章　広告文の構造とその働き」木下富雄他（編）『応用心理学講座四　記号と情報の行動科学』福村出版、東京
仲本秀四郎 1985『情報学概論』丸善株式会社、東京

編集後記

臨床医の立場からみた障害福祉研究

矢野 英雄

本書をまとめられた熊倉伸宏先生および東邦大学公衆衛生学教室の方々に敬意を表して編集後記を書かせて頂きます。

熊倉先生と私は学生時代机を並べて勉強した仲間で、俗に言う馬が合った間柄でした。大学卒業後、私は整形外科の道を歩み、彼は精神医学と公衆衛生学を志し、三十年が経ち、再び研究を通じてお会いしました。

本書は、私の専門領域にある身体障害について熊倉先生が公衆衛生学の立場から障害者の生活と社会環境についてまとめられたものであります。この研究を通じて五年間、障害について学習し、熊倉先生が育まれた新しい障害学の切り口を御教授頂いたことに感謝するとともに、障害ある人びとと共に歩む勇気を頂いたことに感謝いたします。

ここにまとめられた内容は、高齢化社会に生きる人びとが不自由となった身体機能に直面したとき「どのように生きるのか」、そして「どのように生き甲斐を作り出すのか」について、人の輪が作り出す社会環境のありようについて解析したものであります。障害ある人びとや障害に相対する専門家の方々だけでなく、すべての人びとにお読みいただきたいと思います。

本書の内容に立ち入る前に、熊倉先生とともに医学を志した当時を振り返り、現代の障害関連の医科学の課題や取り組み方の質的変換について説明しておきたいと思います。

昭和四十年代初期には、電子機器やコンピュータなど科学技術の飛躍的進歩によって微量分析装置や心電図、CT、MRI、PETなどの検査器機が開発され、加えて、麻酔関連の薬物や生体材料の開発がありました。身体障害の治療に係わる整形外科学では人工関節や人工骨の開発があり、マイクロ・サージェリー技術の開発などによって、以前より格段に優れた手術の技術開発がありました。この技術開発のトレンドは心臓外科や腎臓外科、あるいは脳外科などの治療においても同様に進歩して、最近の臓器移植学や遺伝子治療学などの生命維持や機能再建の時代を迎えました。しかし、一方、如何なる高度な治療技術を駆使しても障害が残ることが顕らかとなり、医科学の発達が新たな障害を作り出す現実に直面しております。他方、糖尿病や高血圧症あるいは脳梗塞、心筋梗塞、肝硬変や腎不全など加齢による慢性障害の治療では、薬物や食生活の改善だけでは治癒しない現実があり、二次障害の発生を予防し、障害と共に生きる術が障害ある者一人ひとりに求められる時代となっております。

技術開発には開発コストが必要であり、作り出された障害の管理コストもまた必要となります。この限界を知りつつもひたすら進められる技術開発は、医科学を出口のないひとつの隘路、つまり、資本が先導する経済主義へ導く過ちを犯す危険性を孕んでおります。

このリスクを克服するためには医科学の原点にある「こころの病」の克服と「体の病」の克服の相互関係について正面から取り組むことが必要となっております。

私たちの学生時代には医師は病気（disease）を治す手段を使って、人の病（illness）に立ち向かうべきとする医学の古典的な基盤や気風がありました。しかし、このような基盤や気風が臓器治療の技術開発のトレンドのなかでホリスティック（Holistic：生気論）ともいうべき曖昧概念のなかに棄却され、個別の臓器や生体物質の病態をより正確に評価し、より精密に治療する行程や結果を競う時代を迎えております。このような最近の医科学研究のトレンドにあって、治療技術だけが専門化し、専門家内部だけで成立する科学論や治療技術の行程論が重きをなし、医科学がもたらす治療行程や治療結果がひとにどのように受け入れられ、評価されるか、医学の根幹をなす障害ある人びとのこころのなかに形成される自らの心身の価値体系や資産勘定をどのように評価すべきか難しい課題を提起することとなりました。

高齢化社会を迎えて加齢と慢性障害に係わる障害概念の変容から生理学と病理学の境界の見極めがますます難しくなり、一方、ひとが生きること自体を見つめる必要性の高まりは、この課題の存在と対決することを避けて通れないことを明確にしております。ここに、過去三十年間邁進してきた科学と技術に支えられた医科学が進めるベクトルの先にある障壁を認識し、加齢とひとの生活および障害との関係を包括した新しい医科学の創出が求められる時代を迎えております。

本書は、身体障害のなかでも最も重度とされる脊髄損傷とポリオの障害について全国的規模で調査研究したものであります。研究は障害者の健康管理と二次障害発生の予防を目指して立案された研究デザインに従って行なわれました。研究当初は、損傷した脊髄神経機能の加齢による機能低下の有り様を調べ、これら障害ある人びとが高齢化時代を迎えたときに再び厳しい生活制限に遭遇する不幸を避ける方法を調べることを主眼としたものでありました。

研究は、疫学調査の解析班（班長：東邦大学医学部公衆衛生学講座　教授　熊倉伸宏）と脊髄性小児麻痺者の臨床調査班（班長：心身障害児総合医療療育センター　整肢療護園　園長　君塚葵）、脊髄損傷者の臨床調査班（班長：社会福祉法人　太陽の家　副理事長　中村太郎）の三者が中心となって行ないました。

参加団体や参加者の内容は本文にあるとおりであります。

本書にまとめられた内容は、第一章の「障害を語る」において、障害ある者が語る言葉をていねいに吟味し、言葉にならない障害者の官能データとしてＶＡＳＴ（Visual Analogue Scale for Time Course）のアナログ・スケールと照合しつつ内容を読者に伝えています。ＶＡＳＴにみる脊髄損傷者とポリオ障害のある者との違いは、加齢によって前者は身体の状態、活動の状態、社会参加状況が改善するのに対して、後者では四十歳代後半から低下する傾向があります。PPS（Post Polio Syndrome）の影響でしょうか。ポリオ障害のある者では社会参加の満足度が極端に三十歳代から低下していることが気がかりであります。しかるに生活満足度は必ずしも低下せず、むしろ上がってきているところに特徴があることを知りました。

同じ障害でも、脊髄損傷がある者とポリオ障害がある者ではこのような違いがありますが、また各個人においても違いがあるのでしょう。

第二章の個別の障害ある人びととのロング・インタビューでは、語りの意味と情報交換の意味について解析しています。ここでは障害を感じる官能の世界にある障害の自己認識やこれを社会に伝える語りには一人ひとり違いがあることが明確となっております。言葉を使ってインタビュアーに自己を伝える行為は社会参加のモデルの原型でありますが、インタビュアーと対峙することから作られる場面の環境が微妙に自己評価の表現に影響する現実があり、官能世界から感じる自己評価と異なることが読みとれます。この現象は、場面や周囲の環境が障害ある人びとの自己評価に与える影響が大きいことを表わしております。換言すると、障害ある人びとの社会参加意欲や障害受容は、障害ある人びとを取り巻く環境や対峙する人びととの係わりが深いことを示唆しているように思います。

また、インタビュアーがポリオの障害のある方とのインタビューにおいて述べているように、障害ある者を一括りにすることは難しく、人それぞれで障害観や障害受容の方法に違いがあり、障害ある人びととの対応では繊細な心遣いが大切であることが分かります。

障害ある人びとと障害がないとされる人びとでは、環境や場面に相対するときの行動規範や官能の反応に表われる個体差が大きく、障害ある人びとの反応や応答にはVariantが大きいと理解すべきでありましょう。また、障害ある人びとが障害と共存して生きるためには、新しい生き方を形成する学習課程を保障する環境整備が必要であり、ちょうど子どもの成長における学習課程に類似した周囲の繊細な対応と、学習した情報や知識が成熟して使いこなせるためのこころのソフトウェアが整備されるまでの時間を必要としていると理解されます。

この話を通じて最も強く感じ、印象深かったものは、インタビューに参加した今回の障害ある方がいずれも生活満足度が四十歳代以降上昇している事実を知ったことであります。この生活の満足度の尺度は人のこころの有り様を表わす大切な項目です。他の四項目のすべてが四十歳前後から低下しているにもかかわらずこの項目が上昇する現象を、どのように理解すべきでしょうか。

一見矛盾ともみられるこの現象を考察し理解を深めるために、本書では生活満足度についてロング・インタビュー法による質的研究の一項を設け、この現象の理解を助けるために障害受容など過去の研究や理論、新たな仮説の設定の解析を行なって、量的研究と質的研究に踏み込んだ詳細かつ系統的な考察を展開しております。そして、最終的に生活満足度の言葉がもつ意味について懐疑的見解に到達しているように見受けられました。その結果が障害者自身にこの内容を語らせ「生活」の代わりに「人生」を、「満足」の代わりに「幸福」や「幸せ」の言葉を提示したと理解されます。

本書は、熊倉先生の教室で先生の指導のもとでまとめられた疫学調査のうえに考察が進められ、大規模疫学調査だけでは内容の理解が難しかった現象を詳細な個別面接調査から充足するものであります。このロング・インタビューの内容は、障害とともに生きる障害ある人びとの「こころの変容」を克明に伝えるものとなり、はじめて重篤な障害とともに生きる障害ある人びとの生き甲斐の形成を顕かにするものとなりました。

本書で解析された内容が、高齢化時代における障害ある人びとの社会参加への道を開拓する有力な手だてになると考える理由であります。

最後の章では情報交流の大切さについて考察しております。

情報化社会にあって情報の発信者と受け手の関係、情報の媒体物の役割と性質、また、情報を受けたものがその情報を有効に使える方法について考える必要があります。

情報処理に関するていねいで分かりやすい方法の提示がないときには、情報は不必要な情報というよりストレスを増長する有害な情報となりましょう。また、情報の発信から授受までのメカニズムや情報を媒体する機構、そして守秘される情報内容と開示すべき情報内容の弁別などについて、周到な情報交流の環境整備があって初めて、障害ある人びとが情報をもとに生き甲斐を形成することが可能となります。障害ある人びとは障害ある者同士で交流すること、友人との交流から社会参加への道が開かれる事実が本書の各所に明示されており、情報は障害ある者同士の交わり、健常者と障害ある者との交わりに不可欠な要素であり、障害ある者自身の価値資産の拡大と存在意義を公表するメッセージを社会に送る大切な手だてであることは間違いない事実でありましょう。

また、障害ある人びとから得た情報は、本来障害ある人びとが所有する資産であります。したがって、障害について調べた専門家は調べた情報を障害ある人びとへ還元する義務があり、障害ある人びとの生活と社会参加に貢献するように社会へ働きかける義務がありましょう。

本書の出版はこの義務を果たす役割を担っております。同時に本書の内容はインタビューに参加された障害ある方々および本書の基になった疫学調査研究に参加された多くの障害ある人びとおよび関係者への情報を伝達する媒体として意義あるものと確信しております。

読者の皆さまもどうか本書の細部に盛られている熊倉先生および教室の方々が伝えたい意図を読みとって頂いて、本書の出版が障害を理解する一助となることを願って編集後記といたします。

おわりに

この本は実際に障害のある方々から伺った智慧を出来るだけ広く伝えたいという動機から出版した。本書が社会に役に立つものであることを心から願う。一般の方にも多く読んでいただきたい。また本書は個人のインタビューが主体であるから、障害の問題を広く公平に客観的に扱ったものではないかも知れない。しかし、障害は一人ひとり異なり、人生も一人ひとり異なるということを実際に知るには、このような形しか私には思い浮かばなかった。

この本を書くに至る過程で、矢野英雄先生と私は自らの体にいくつもの障害を体験した。それ以上に、私の愛する方々も加齢と共に多様な障害を持つようになった。要するに、自分と周囲の人たちの障害を私は凝視しなくてはならない立場になった。自分のこととなると、予想以上に精神的、身体的に過重な体験であった。ところが協力していただいた当事者たちはいつも淡々として自分の障害をこなしていた。障害者には「生きる」ことの専門家がいる。そのような漠然とした想いが私のなかに蓄積した。

この本を出版して改めて気づいたことがある。障害概念は生活概念である。障害研究は生活研究である。その意味は何なのか。生きる限り何らかの障害は生じる。生と障害は表裏一体である。生きる限りいずれ人は死ぬ。生死も表裏一体である。つまり、障害について学ぶということは、人が自分の「生」と「死」を避けられない運命的なものとして見据えることであった。障害研究には、死を見据える勇気が求められた。

そのことに気づいていない昔の「私」のなかにこそ、障害への壁が存在していた。その壁は単に研究や日常診療の障碍になっていただけではなくて、日常生活の多忙さのなかで、私自身が「生」に対して無頓着になっていたことから来ていたに違いない。自分の一回限りの「生」を大切に生きていなかったに違いない。生死のテーマを凝視する術を失った者、それが現代人だと私には思える。それ故に私が学んだ感動と警鐘を本書で伝えたいと思う。

この本を書くに当たって、実に多くの方々にご協力とご理解をいただいた。多くを教えてくれたのは当事者の方々であった。ここに深く感謝の念を表したい。三人の当事者は本書の実際的な協力者であった。また、質問紙調査や面接調査に快くご協力くださったすべての当事者の方々のおかげで本書はできあがった。また誠信書房編集長の松山由理子さんには出版の意図を理解していただいたうえで、具体的な相談にも乗っていただいた。そのご理解がなければ本書は世に出ることはなかったかも知れない。これらの方々に謝意を表する。

二〇〇五年一月十日

熊倉伸宏

資料

インタビュー調査で用いたインタビュー・ガイドを掲載いたします。
これを用いて研究を行なう際には、東邦大学医学部公衆衛生学教室までご一報下さい。

Eメール　health@med.toho-u.ac.jp

面接番号：No.

2001-2002 年度 文部省科学研究費

基盤研究(C)(2) 課題番号 13670390

『地域における三次予防の技術開発に向けた後天性脊髄性運動麻痺の疫学研究』

INTERVIEW GUIDE

作成：東邦大学医学部公衆衛生学教室

面接者マニュアル

●インタビューでは…

インタビュアーが自分自身をツールとして、相手の生の言葉を引き出す。インタビュアー自身の体験を話すこともあり得る(self-disclosure)。

●インタビューの拒否、もしくは録音の拒否があった場合の対処は…

中止するかどうかの判断は、インタビュアーに一任される。録音せずにインタビューのみ続行することもあり得る。

● Introductory Questions では…

この段階の目的はラポールを付けることである。情報を得ることは考えない。

● Grand Tour Questions では…

話の自然な流れを大切にする(話題がジャンプすることもあり得る)。ただし、順番が変わっても最終的には Grand Tour Question を全部訊く(全ての Question をツアーする)。

● PROMPT と PROBE とは…　⇒ p.255 参照

インタビュー(Grand Tour)では、PROMPT と PROBE を適宜組み合わせて使用する。

PROMPT ：話が滞らないようにするためのインタビュアーの態度や言葉。内容にはあまり影響を与えないもの。

PROBE ：インタビュアーによってあらかじめ用意された、話のデテールを得るためのフレーズ。誘導的にならないよう気を付ける。

● resistance や black hole に遭遇した場合は…

特定の話題を避けること、大げさな反応、不自然なほどの感情表現の欠落等に遭遇した場合は、インタビューを受けている人の(あるいはインタビュアー自身の)“black hole” かもしれない。resistance や black hole の部分は大事に扱っていく。

目　次

協力者　**氏　名**　＿＿＿＿＿＿＿＿＿＿殿

性　別　□男　□女

年　齢　＿＿＿＿歳

疾　患　□脊髄損傷　□ポリオ　□精神障害

ID＿＿＿＿＿＿＿＿

調査日時　2002年　　月　　日（　　曜日）　　：　～　：

場　所　＿＿＿＿＿＿＿＿

インタビュアー＿＿＿＿＿＿＿＿

付　記　＿＿＿＿＿＿＿＿＿＿＿＿＿＿＿＿＿＿

インタビュー開始（60 分）

1. あいさつと自己紹介 （ 1 分）

はじめまして。
○○さんでいらっしゃいますね。
私は東邦大学医学部公衆衛生学教室の○○と申します。

今日は私たちの調査のためにお時間をいただき、ありがとうございます。

2. 調査の説明 （ 1 分）

先日手紙（電話）でもご説明いたしましたが、今日のお話は録音させていただきます。

録音開始

さて、これまでご協力いただいた調査の中で、○○さんが障害をお持ちにも関わらず生活の満足度が上がっていらっしゃるのを拝見しました。このことについて、是非○○さんのご経験を聞かせていただきたいと思っています。

時間は 1 時間を予定しています。

これまで行ってきた調査では、「生活満足度」という言葉を使ってきました。

これは「生活全般に関する満足度」として使われていて、それ以上の定義はない言葉です。

ですから、このインタビューでは、○○さんの理解で答えて下さい。

3. QUESTIONS

3-1 Introductory Questions （ 7 分）

最初に○○さんのことについて、少しお尋ねします。


今、○○歳でいらっしゃいますね。

お住まいは○○ですか。

今日はどうやっていらっしゃいましたか。

一緒に住んでいらっしゃるのはどなたですか。

⋮

注）この段階ではラポールを付けることを目的とし、情報を得ることは考えない。

memo	key terms	communication type

3-2　Grand Tour Questions　（40 分）

注）生活満足度 VAST を示し、下記２点の質問により Grand Tour Questions に導入。

ところで、受傷されたのは（ポリオに罹ったのは）〇〇歳の時でしたね。

生活満足度が上がり始めたのは、この辺りからですね。

Grand Tour Questions（VAST を一緒に見ながら）

ではこれから、ここで生活の満足度が上がっていることについて、〇〇さんのご経験から具体的なお話をうかがいたいと思います。

3-2-1　障害の改善

満足度が上がったことには、〇〇さんの障害の状態が変化したことが関わっていたでしょうか。そのことについて聞かせていただけますか。

3-2-2　ハードウェアの改善

満足度が上がったことには、装具の改善や、住まい・社会の設備の改善などが関わっていたでしょうか。そのことについて聞かせていただけますか。

3-2-3　周囲からの受け入れ

満足度が上がったことには、〇〇さんの障害に対する周囲の人の態度が関わっていたでしょうか。そのことについて聞かせていただけますか。

3-2-4　専門家の援助

満足度が上がったことには、保健・福祉・医療の専門家の援助が関わっていたでしょうか。そのことについて聞かせていただけますか。

3-2-5　本人による障害の受け容れ

満足度が上がったことには、自分の障害を受け容れたことが関わっていたでしょうか。そのことについて聞かせていただけますか。

memo　　key terms　　communication type

3-2-6　当事者間交流

満足度が上がったことには、同じ障害を持つ人の存在が関わっていたでしょうか。そのことについて聞かせていただけますか。

3-3　Final Question　（ 5 分）

3-3-1　6 つの仮説の比較

では、今までお訊きした中で、〇〇さんの生活満足度が上がったことには、どの事柄が 1 番大事だったとお考えでしょうか。そのことについて聞かせていただけますか。

注）面接者の方で回答を同定し、6 つの仮説に対応するカテゴリーに振り分ける。
障害の改善／ハードウェアの改善／周囲からの受け入れ／専門家の援助／本人による障害の受け容れ／当事者間交流

3-3-2　6 つの仮説以外について確認

今お訊きしたもの以外に、満足度が上がったことには、もっと大事な事柄が関わっていたでしょうか。そのことについて聞かせていただけますか。

4.　「生活満足度」という言葉について　（ 3 分）

この調査では、「生活満足度」ということでお話しいただきましたが、より適切な言葉があるでしょうか。

5.　あいさつと確認　（ 3 分）

私からの質問は、これで終わりです。
今日お聞きした内容は全て匿名で扱われます。発表する際も〇〇さんの身元に関する情報が漏れることのないように、十分配慮いたします。
最後に、〇〇さんの方で、お訊きになりたいこと、確認したいことはありますか。

今日は私たちの調査にご協力いただき、ありがとうございました。

――――――――　録音終了　――――――――

――――――――　インタビュー終了（終了時間記入）――――――――

memo	key terms	communication type

PROMPTS

1. 沈黙 silence
2. 傾聴する態度 attentive learn
3. 眉を上げるなどの表情による反応 eyebrow flash
4. うんうんなどの相槌 affirmative noise
5. 相手の言葉の反復（おうむ返し） echo prompt
6. 相手が意味する処をまとめ直して伝える reflective summary
7. それまでの話の筋を整理して概略を確認する recapitulation

（6・7：probe へのきっかけ）

PROBES

1. 答えが“関わっていた”の場合：

そのことについて、もう少し詳しく教えていただけますか。
それには、どんな人／物／事柄が関わっていますか。
そのことは、生活にどう影響しましたか。
そのことで、○○さんにはどんな変化がありましたか。

2. resistance もしくは black holes 的な回答の可能性がある場合

2-1 答えが“関わっていなかった”の場合：

関わっていなかったんですね（確認）。
⇓
××は大切だと一般には言われていますが、○○さんの体験にはあてはまらないんですね。

2-2 答えに詰まったり、“分からない”と言われた場合：

分からないんですね（確認）。
⇓
どんなことでもかまいません。思いつくことから自由にお答え下さい。
⇓
××は大切だと一般には言われていますが、○○さんの体験にはあてはまらないんですね。

注）無理をせず相手のペースに合わせる。相手の言葉を繰り返したり、満足度が上がった頃を回顧するように促したり、インタビュアーの体験などを適宜用いることもできる。

2-3 別の話題に飛んだ場合：

そのことは改めてお伺いしたいと思います。まず先ほどの話についてお聞かせ願えますか。

注）該当する Grand Tour Question にジャンプするか、そのまま聞き続けるかの判断は、インタビュアーに任される。

3. 既に話題とされていた場合：

先ほどもこの辺りのことを聞かせていただきましたが、そのお話に付け加えていただくことがあるでしょうか。あれば教えていただけますか。

BRIEF NOTES

面接環境

面接者の態度

今回の面接について

編著者
熊倉伸宏　（東邦大学医学部教授）
矢野英雄　（富士温泉病院名誉院長）

著　者
池田昌美　（当事者）
町ひろ子　（当事者）
東　浩一　（当事者）
平部正樹　（東邦大学医学部助手）
藤城有美子　（東邦大学医学部助手）

障害福祉研究グループメンバー（五十音順）
飯田浩毅　（汐田ヘルスクリニック・精神科）
伊東正裕　（新潟医療福祉大学助教授）
井原一成　（東邦大学医学部講師）
叶谷　昇　（ポリオの会役員）
鴨澤あかね　（相州メンタルクリニック）
城川美佳　（東邦大学医学部助手）
君塚　葵　（心身障害児総合医療療育センター整肢療護園園長）

小島光洋　（財団法人宮城県成人病予防協会宮城健康診査センター副所長）
佐久間祐子（帝京大学心理臨床センター助手）
菅原道哉　（東邦大学医学部教授）
中川正俊　（田園調布学園大学助教授）
中村太郎　（社会福祉法人太陽の家副理事長／九州大学大学院医療システム学）
長谷川友紀（東邦大学医学部助教授）
服部直充　（社会福祉法人太陽の家）
松井研一　（シミック株式会社疫学・生物統計部部長）

なお、本書に掲載した研究は、以下の科学研究費の助成を受けて行なわれたものである。
平成10年度～12年度　厚生省科学研究費　障害保健福祉総合研究事業「脊髄神経障害性運動麻痺のリハビリテーション技術の開発研究」（主任研究者　矢野英雄）
平成13年度～14年度　文部省科学研究費「地域における三次予防の技術開発に向けた後天性脊髄性運動麻痺の疫学研究」（研究代表者　熊倉伸宏）
平成15年度～16年度　文部科学省科学研究費「心身障害者の生活満足度改善に向けての質的研究」（研究代表者　熊倉伸宏）

編者紹介

熊倉　伸宏（くまくら　のぶひろ）

1969年　東京大学医学部卒業
現　在　東邦大学医学部教授
著　書　『社会医学がわかる 公衆衛生テキスト』2004，『メンタルヘルス原論』2004，『精神疾患の面接法』2003，『面接法』2002，『死の欲動――臨床人間学ノート』2000 以上，新興医学出版社，『「甘え」理論と精神療法』岩崎学術出版社 1993，『臨床人間学――インフォームド・コンセントと精神障害』新興医学出版社 1994，『「甘え」理論の研究』（分担執筆）星和書店 1984
訳　書　『医学がわかる 疫学』新興医学出版社 2004

矢野　英雄（やの　ひでお）

1969年　東京大学医学部卒業
現　在　富士温泉病院名誉院長
著　書　『整形外科クルズス』南江堂 1997，『股関節疾患の装具療法』全日本病院出版会 1989，『整形外科大辞典 整形外科材料』講談社 1987
訳　書　『新しい手の外科』協同医学書出版社 1994

執筆者紹介

平部　正樹（ひらべ　まさき）

1999年　早稲田大学大学院人間科学研究科修士課程修了
現　在　東邦大学医学部助手，臨床心理士

藤城　有美子（ふじしろ　ゆみこ）

1999年　早稲田大学大学院人間科学研究科博士課程中退
現　在　東邦大学医学部助手，臨床心理士

障害ある人の語り
――インタビューによる「生きる」ことの研究

2005年3月30日　第1刷発行
2005年6月30日　第2刷発行

編　者　熊倉伸宏
　　　　矢野英雄
発行者　柴田淑子
印刷者　西澤利雄

発行所　株式会社　誠信書房
〠112-0012　東京都文京区大塚3-20-6
電話　03 (3946) 5666
http://www.seishinshobo.co.jp/

あづま堂印刷　イマヰ製本所　落丁・乱丁本はお取り替えいたします
検印省略

ISBN4-414-40360-X C3011